Um único hábito pode mudar sua vida

Mel Robbins

Um único hábito pode mudar sua vida

SEXTANTE

Título original: *The High 5 Habit*

Copyright © 2021 por Mel Robbins
Copyright da tradução © 2022 por GMT Editores Ltda.

Todos os direitos reservados. Nenhuma parte deste livro pode
ser utilizada ou reproduzida sob quaisquer meios existentes
sem autorização por escrito dos editores.

tradução: Débora Chaves
preparo de originais: Ana Tereza Clemente
revisão: Ana Grillo e Midori Faria
diagramação: Valéria Teixeira
capa: Filipa Pinto
foto da p.23: Cortesia da autora
impressão e acabamento: Bartira Gráfica

CIP-BRASIL. CATALOGAÇÃO NA PUBLICAÇÃO
SINDICATO NACIONAL DOS EDITORES DE LIVROS, RJ

R545u

Robbins, Mel
Um único hábito pode mudar sua vida / Mel Robbins ;
tradução Débora Chaves. - 1. ed. - Rio de Janeiro : Sextante, 2022.
272 p. ; 21 cm.

Tradução de: The high 5 habit
ISBN 978-65-5564-326-8

1. Autoconfiança. 2. Autoestima. 3. Autoaceitação
(Psicologia). I. Chaves, Débora. II. Título.

22-75427 CDD: 158.1
CDU: 159.947

Meri Gleice Rodrigues de Souza - Bibliotecária - CRB-7/6439

Todos os direitos reservados, no Brasil, por
GMT Editores Ltda.
Rua Voluntários da Pátria, 45 – Gr. 1.404 – Botafogo
22270-000 – Rio de Janeiro – RJ
Tel.: (21) 2538-4100 – Fax: (21) 2286-9244
E-mail: atendimento@sextante.com.br
www.sextante.com.br

Para Chris, Sawyer, Kendall e Oakley

Sumário

CAPÍTULO 1 Você merece uma vida incrível — 9

CAPÍTULO 2 A ciência diz que funciona — 23

CAPÍTULO 3 Algumas perguntas a serem respondidas — 39

CAPÍTULO 4 Por que eu me torturo? — 51

CAPÍTULO 5 Será que estou estragando tudo? — 69

CAPÍTULO 6 De onde vem toda essa negatividade? — 81

CAPÍTULO 7 Por que estou vendo corações por toda parte? — 97

CAPÍTULO 8 Por que a vida é tão fácil para os outros? — 111

CAPÍTULO 9 Não será mais fácil se eu não disser nada? — 125

CAPÍTULO 10 Que tal se eu começar... amanhã? — 143

CAPÍTULO 11 Você gosta de mim? — 163

CAPÍTULO 12 Como consegui estragar tudo? — 177

CAPÍTULO 13 Consigo lidar com isso? 189

CAPÍTULO 14 Talvez você não queira ler este capítulo 203

CAPÍTULO 15 No fim, tudo faz sentido 223

Espere um pouco... Tem mais! 233

Como acordar por você 235

Um presente da Mel 243

Agradecimentos 253

Bibliografia 257

CAPÍTULO 1

Você merece uma vida incrível

Permita-me contar sobre o dia, não muito tempo atrás, em que fiz uma descoberta simples e transformadora.

Tudo começou numa manhã em que eu estava escovando os dentes e, ao ver meu reflexo no espelho do banheiro, pensei:

Cruzes!

Fiz uma careta e comecei a implicar com tudo que não me agradava: as olheiras, o queixo proeminente, o seio direito menor que o esquerdo, a pele flácida da barriga. Meu pensamento extrapolou o bom senso: *Estou horrorosa. Preciso malhar mais. Odeio o meu pescoço.* Esses pensamentos só pioraram a imagem que eu fazia de mim mesma e o modo como me sentia.

Olhei o relógio. A primeira reunião pelo Zoom começava em 15 minutos. *Preciso passar a acordar mais cedo.* Pensei no prazo que eu tinha que cumprir. No negócio que estava tentando fechar. Nos e-mails que não havia respondido. No cachorro que precisava ser levado para passear. Nos resultados da biópsia do meu pai. Em todas as coisas que as crianças esperavam de mim. Eu me sentia completamente sobrecarregada e ainda nem tinha tomado o café da manhã.

Ufa!

Tudo o que eu queria fazer naquele momento era preparar uma

xícara de café, me esparramar diante da TV e esquecer tudo que me aborrecia. Mas eu sabia que isso era impossível, era errado. Sabia que ninguém iria se apresentar para resolver os meus problemas, terminar os projetos da minha lista, se exercitar por mim ou encarar aquela conversa difícil que eu precisava ter no trabalho.

Eu só queria dar um tempo... da minha vida

Os últimos meses tinham sido caóticos. O estresse era permanente. Eu estava muito ocupada em cuidar de tudo, em me preocupar com todos... mas quem estava cuidando de mim?

Tenho certeza de que você já se sentiu assim. Momentos como esse, em que as exigências da vida só aumentam e você só se irrita, podem levar a comportamentos autodestrutivos.

Eu precisava que alguém me dissesse: *Você tem razão, sua vida é difícil mesmo. Você não merece o que está acontecendo. Não é justo... Se há alguém que pode resolver tudo, esse alguém é você.* Era o que eu queria ouvir. Eu precisava de palavras de apoio e estímulo. E, embora eu seja uma palestrante motivacional muito bem-sucedida, fiquei sem saber o que fazer diante da imagem que eu via no espelho.

De repente, não sei o que deu em mim. Nem sei por que agi assim, mas ali em pé no banheiro, só de calcinha, ergui a mão e fiz um *high five* (Toca aqui!) comigo mesma. *Eu vejo você*, era o recado. *Eu vejo você e gosto do que vejo. Vamos lá, Mel. Você consegue.*

Todo mundo já bateu a mão aberta contra a mão de outra pessoa incontáveis vezes ao longo da vida. Todo mundo já falou um "Toca aqui" ou "Bate aqui" para saudar alguém. Talvez meu gesto tenha sido seja meio piegas, mas, encostada na pia do banheiro, praticamente nua, sem dizer uma única palavra, eu definitivamente estava transmitindo uma mensagem. Estava reafirmando que eu podia fazer *qualquer coisa*. Estava torcendo por mim mesma e encorajando a mulher que eu via no espelho a levantar a cabeça e seguir em frente.

Quando a palma da minha mão tocou o espelho e encontrou o meu reflexo, senti que fiquei um pouco mais animada. *Eu não estava sozinha. Eu tinha a mim mesma.* Foi um gesto simples, um ato de gentileza para comigo. Algo que eu precisava e merecia.

Imediatamente senti o aperto no peito relaxar. Endireitei os ombros e esbocei um sorriso ao me dar conta daquela atitude boba. No entanto, ao mesmo tempo percebi que minha lista de afazeres não parecia mais tão assustadora. Eu não me sentia mais tão cansada. Então segui com a rotina.

Na manhã seguinte, o alarme tocou no mesmo horário. Os problemas eram os mesmos, assim como a sobrecarga de tarefas. Eu me levantei. Arrumei a cama. Fui ao banheiro... e lá estava o meu reflexo: *Oi, Mel.* Sorri e, sem pensar, novamente bati a mão espalmada em meu reflexo no espelho.

Na terceira manhã, acordei e percebi que estava *ansiosa* para chegar ao banheiro e fazer um *high five* comigo mesma. Sei que parece ridículo, mas é verdade. Arrumei a cama mais rápido do que o habitual e entrei no banheiro com uma animação rara para quem acorda às 6 da manhã. A única maneira de descrever a sensação que tive é a seguinte:

Parecia que eu ia encontrar uma amiga

Mais tarde naquele dia, eu me perguntei quantas vezes na vida eu tinha dado ou recebido um *high five*. Lembrei-me das corridas com as minhas amigas, das torcidas nos jogos de beisebol, da comemoração quando um amigo era promovido ou quando fazíamos alguma boa jogada juntos.

Foi então que me lembrei de um dos pontos altos da minha vida: a Maratona de Nova York em 2001, realizada dois meses após os ataques terroristas de 11 de Setembro, que mataram 2.977 pessoas e destruíram as Torres Gêmeas.

Foram 42,1 quilômetros de calçadas lotadas de espectadores e, até onde a vista podia alcançar, de bandeiras americanas enfeitando as janelas dos edifícios ao longo do percurso entre os cinco bairros que compõem a cidade de Nova York.

Se não fosse pelas pessoas que ocupavam as calçadas dos dois lados da pista, que batiam na minha mão e torciam por mim, acho que eu não teria conseguido completar a prova. Sozinha eu não teria resistido, pois não tenho o preparo físico de um fuzileiro naval. Bastam dois lances de escada para eu perder o fôlego. Na época, eu tinha acabado de dar à luz, trabalhava o dia inteiro, cuidava de duas crianças com menos de 3 anos. Sem contar que não tinha treinado adequadamente para uma prova tão longa e não usava tênis confortáveis. Mas terminar a maratona estava na lista de coisas que eu queria fazer antes de morrer, então, quando tive a chance de participar, estava determinada a ir até o fim. Em muitos momentos meus joelhos se dobraram, a bexiga vazou, a mente arranjou pretextos para desistir. Às vezes, eu desacelerava e avançava capengando. *Por que não me preparei melhor? Por que escolhi esses tênis?* Perto do quilômetro 26, implorei aos voluntários que distribuíam água que me aconselhassem a parar. Eles sequer me ouviram. *Abandonar a prova? Agora? Mas já chegou tão longe!* O entusiasmo deles encerrou a minha dúvida, então lá fui eu.

Você é muito mais forte do que pensa

Só terminei aquela maratona por causa do constante encorajamento e dos cumprimentos que recebi ao longo do percurso.

Se tivesse escutado as vozes em minha cabeça, teria parado no quilômetro 14, quando as bolhas nos meus pés estouraram e cada passo virou uma tortura. Era tão bom ser aplaudida que o incentivo manteve minha mente focada e meu corpo em movimento. Aqueles tapinhas que recebi me convenceram que era possível fazer algo que eu nunca tinha realizado na vida.

Quando eu me sentia desanimada ao ver tantos corredores me ultrapassando, bater as mãos com algum desconhecido me impedia de desistir.

Esta é a questão: o *high five* é muito mais do que apenas bater as mãos. É uma transferência de energia e de confiança. Esse gesto desperta algo dentro de nós. Cada *high five* que eu recebia durante a corrida queria dizer *Eu acredito em você*. Isso me ajudou a apostar em mim mesma e na minha capacidade de persistir, passo a passo, durante seis horas, até cruzar a linha de chegada e conquistar o meu objetivo.

Quando você pensa no incrível poder que tem o cumprimento de um estranho, é fácil traçar paralelos entre a vida e uma maratona. Ambas podem ser longas, gratificantes, emocionantes e, às vezes, dolorosas.

Imagine acordar todas as manhãs e receber a mesma energia estimulante de um *high five*?

Pense nisso.

E se você pudesse parar de se criticar e aprender a se animar todos os dias, passo a passo, à medida que avança na direção de seus objetivos e seus sonhos? Imagine que você é seu maior fã e encorajador. É difícil de imaginar, não é mesmo? Mas não deveria.

Quero que você me responda com sinceridade: *Com que frequência você torce por si mesmo?*

Aposto que você respondeu igual a mim: quase nunca.

A questão é: *Por quê?* Se a sensação de ser amado, encorajado e celebrado é tão boa, se isso o estimula a continuar e o ajuda a conquistar seus objetivos, por que você não age sempre desse modo?

"Coloque a máscara de oxigênio primeiro em você mesmo."

Já escutei esse conselho milhões de vezes, mas a verdade é que nunca soube como aplicá-lo ao meu dia a dia. Caramba, esse cumprimento no espelho abriu os meus olhos: para me colocar em primeiro lugar, preciso torcer por mim mesma, porque é exatamente isso que eu faço com todo mundo.

Pense em como é bacana apoiar e celebrar as conquistas das outras pessoas. Torcer por seu time, acompanhar a carreira de seus artistas, músicos e influenciadores favoritos. Você compra ingressos para os jogos, aplaude de pé em seus shows, segue suas recomendações, compra a coleção de roupas que eles assinam e vibra a cada vitória deles, dos campeonatos aos prêmios Grammy.

Você também tem um papel importante quando apoia e estimula as pessoas que ama – parceiro, filhos, melhores amigos, familiares e colegas de trabalho. Você planeja festas de aniversários e comemorações para todos, assume uma parte maior do trabalho para ajudar um colega sobrecarregado, é o primeiro a elogiar o amigo quando ele mostra o perfil no site de namoros (*Você está maravilhoso!*) ou quando ele começa a vender suplementos (*Vou comprar o suficiente para um ano*). Você incentiva todo mundo a buscar a realização pessoal e profissional, inclusive aquela mulher que acabou de conhecer na aula de ioga. (Quando o instrutor mencionou o próximo programa de formação de professores, você não hesitou um segundo: *Vai se inscrever? Você deveria! Sua postura do cachorro olhando para baixo é incrível.*)

Mas quando se trata de celebrar e incentivar a si mesmo, você não sabe muito bem como agir e, geralmente, só sabe se criticar. Quando se olha no espelho, não vê nada de bom. Você é um juiz de si mesmo e sabota seus próprios objetivos. Não mede esforços para ajudar as outras pessoas, mas nunca faz o mesmo por você.

Está na hora de ter o incentivo que você merece

Autovalorização, autoestima, amor-próprio e autoconfiança começam com a construção desses atributos dentro de si mesmo. É por isso que eu quero que você comece o dia com um *high five* diante do espelho. Trata-se de um hábito que deve ser incorporado, compreendido e praticado todos os dias. E esse gesto é apenas o começo.

Neste livro, você vai aprender maneiras de fazer do apoio e da celebração de si mesmo um hábito. Vou apresentar pesquisas e estudos, vou mostrar histórias pessoais e resultados práticos que esse hábito já produziu na vida de pessoas do mundo todo, além de estimular você a assumir o controle de sua vida com a ajuda de um *high five* todos os dias. Na verdade, isso é mais do que um hábito, é uma atitude holística em relação à vida, uma lógica estudada, uma ferramenta poderosa que reprograma os padrões inconscientes da mente.

Você vai aprender a identificar os pensamentos e as crenças que causam tristeza, culpa, ciúme, medo, ansiedade, insegurança. O mais importante é praticar como transformar esses pensamentos e crenças em ideias e comportamentos que o estimulem e o mantenham sempre em movimento. Vou analisar todas essas questões, mostrar como colocá-las em prática e explicar as pesquisas que provam por que essas ferramentas funcionam.

Esse método vai além de fazer você acordar feliz, de animá-lo quando estiver se sentindo deprimido ou de tentar empolgá-lo nos momentos decisivos.

Os ensinamentos que apresento aqui farão você melhorar seu relacionamento com a pessoa mais importante da sua vida: você.

Você irá descobrir estratégias mentais comprovadas que o ajudarão a lidar com os altos e baixos da vida e que o encorajarão a não desistir da pessoa que está vendo no espelho.

Como você se vê é a forma como você vê o mundo

Depois de colocar em prática o hábito do *high five*, percebi que havia passado as primeiras décadas da vida criticando minha própria imagem, me sentindo decepcionada com ela ou ignorando completamente a mulher que via no espelho. É irônico quando penso no que faço para viver.

Como autora de best-sellers internacionais e palestrante motivacional, meu papel é oferecer as ferramentas e dar o incentivo necessário para você mudar a sua vida. Minha confiança em você aumenta a *sua* confiança em você. Quando paro e penso no trabalho que realizo, vejo que ele equivale a um *high five*. Tudo o que faço e compartilho nas palestras, nos livros, nos vídeos do YouTube, nos cursos on-line e nas redes sociais é pensado para transmitir a seguinte mensagem: *Eu acredito em você. Seus sonhos são importantes. Você sabe o que fazer.*

Ainda que eu venha distribuindo apoio a quem me lê ou ouve, nem sempre agi desse jeito comigo mesma. Sou minha pior carrasca. Aposto que você tem o mesmo tipo de atitude. Só recentemente, quando comecei a dar *high five* no espelho, e depois de outras formas simbólicas, é que as coisas começaram a se encaixar.

Quando aprende a se enxergar e a se estimular, você identifica mais facilmente os momentos em que a depressão se insinua e é capaz de transformá-la em um estado de espírito mais forte e otimista. Com a mente positiva, você se sente motivado a agir para mudar a sua vida. Ao ter a energia e a atitude do *high five*, você pode fazer qualquer coisa acontecer.

Quando parei de me criticar e comecei a cumprimentar meu reflexo no espelho, tive a sensação de que esse era mais do que um gesto encorajador em um dia difícil. Era uma reviravolta naquela autocrítica e naquele ódio por mim mesma. Mudou a lente através da qual eu via a minha vida. Foi o início de uma grande mudança, uma linha na areia, o começo de uma conexão renovada com a pessoa mais importante da minha jornada: eu. Aprendi a adotar uma nova maneira de pensar sobre mim mesma e sobre o que era possível em meu dia a dia. Isso foi uma inspiração para que eu criasse uma forma diferente de viver.

Foi por todas essas razões que escrevi este livro.

Está na hora de torcer por você

Pergunte a si mesmo como quer se sentir em todas as áreas da sua vida. Você não quer ter uma vida *high five*? Um casamento *high five*, um emprego *high five*? Não quer ser um pai ou uma mãe *high five*, um amigo *high five*? Não deseja ser visto e ter o reconhecimento dos outros, não quer sentir que sua força e sua convicção o empurram para a frente?

Claro que sim. É disso que este livro trata: o encorajamento e a celebração de si mesmo. Com esse estado de espírito, você pode fazer e ser qualquer coisa, pois ele cria uma reação em cadeia que ajuda você a desenvolver um ímpeto positivo, a abraçar a celebração, a forjar uma ligação de confiança com você mesmo e a desfrutar da energia da alegria.

As forças mais poderosas do mundo são o incentivo, a celebração e o amor. E você as negou para si mesmo por tempo demais. Você não é o único. Todo mundo faz isso.

Talvez você tenha dificuldade em se amar ou em mudar, por mais que tente. Talvez tenha alcançado o sucesso, mas não consegue desfrutar de suas realizações porque está focado no que está errado, não no que está dando certo. Talvez seu passado esteja repleto de lembranças ruins de coisas que lhe fizeram ou que você fez para outras pessoas.

Independentemente do que aconteceu com você, quero que veja a verdade

Você tem uma vida linda pela frente e não consegue enxergá-la. Há um futuro incrível esperando você assumir o controle e torná-lo realidade. Você tem o aliado mais extraordinário, uma torcida e uma arma secreta olhando para você no espelho, mas ignora isso. Se você tem planos ambiciosos ou quer apenas ser mais feliz, precisa despertar e começar a se tratar melhor. Pode começar com esse encontro matinal no espelho.

Tudo começa com você

Se quiser mais aprovação, amor, reconhecimento e otimismo, deve proporcionar essas coisas a si mesmo. De verdade. Se você não torcer por si mesmo, quem mais fará isso? Se não consegue se olhar no espelho e ver alguém que merece ser amado, por que alguém o amaria? Aprender a se amar e a se apoiar é bastante benéfico para todos os relacionamentos de sua vida. Quando você celebra quem você é, está fazendo ainda mais pelos outros: amigos, colegas, familiares, vizinhos, parceiro/a. Isso acontece porque é impossível dar às outras pessoas o que você não deu primeiro a si mesmo.

Uma palavra de alerta

O hábito de dar um *high five* pode parecer simples, até mesmo tolo ou esquisito. Mas, por favor, acompanhe meu raciocínio porque há muita pesquisa envolvida nesse gesto.

A maneira como ele funciona no subconsciente e no nível da via neural é profundo. As mudanças que provoca em você são mais duradouras do que as digitais no espelho do banheiro. No começo, o *high five* é apenas um gesto, mas, com o tempo, a aprovação, a confiança, o apoio, a celebração, o otimismo e a ação que ele simboliza se tornam parte de quem você é.

Você pode trabalhar arduamente para ser uma pessoa melhor e, ao mesmo tempo, ser gentil consigo mesmo. Pode correr riscos, se dar mal e aprender a lição sem ficar com vergonha. Pode ter grandes ambições e ainda assim tratar a si mesmo e aos outros com gentileza. Pode enfrentar situações realmente difíceis e redobrar o otimismo, a resiliência e a fé para continuar. Quando parar de se culpar pela maneira como se sente, você perceberá imediatamente que está melhor.

Somente quando aprender a torcer por você mesmo, a se encorajar e a se apoiar em meio aos desafios do dia a dia é que vai parar de resistir e, assim, permitir que a vida comece a fluir na direção esperada. Você não tem ideia de quanto tudo poderia ser mais fácil se parasse de ser tão exigente consigo mesmo. A vida poderia ser mais bela. Os bons momentos poderiam ser mais gratificantes se você não se rebaixasse mentalmente com frequência.

Você merece ser celebrado

Não daqui a um ano. Não quando conseguir aquela promoção, não quando alcançar o peso ideal. Você merece ser aplaudido pelo que é agora. Você merece e precisa desse estímulo. Porque ele satisfaz suas necessidades emocionais fundamentais: ser visto, ouvido e reconhecido. Pesquisas demonstram que as pessoas florescem quando recebem esse tipo de apoio. Sentir-se encorajado, considerado e reconhecido são as energias mais inspiradoras que existem.

É por isso que acredito que a sua vida cotidiana deve incorporar hábitos de celebração e otimismo. Ao se alegrar de maneira intencional e deliberada com o simples fato de acordar e desenvolver hábitos para continuar em frente *independentemente do que acontecer*, você pode romper com as coisas que o atrapalham e alcançar a realização pessoal.

Depois de algumas semanas fazendo um *high five* comigo mesma no espelho, percebi que esse gesto estava me ajudando a mudar. Parei de prestar atenção nas coisas que achava que não gostava em meu corpo ou em minha personalidade. Comecei a perceber que não devia me preocupar tanto com a aparência e que a minha melhor parte é o que trago dentro de mim.

O que aconteceu comigo acontecerá com você

Quando esse se torna um hábito diário, você descobre o amor-próprio e a autoaceitação. Você para de focar seu lado físico e vê o seu eu interior – a pessoa que você é e tudo o que sua vida representa.

Ao fazer um *high five* no espelho, você não está apenas vendo o seu reflexo, está saudando a sua presença, como o vizinho que acena para você da varanda da casa dele. Você levanta a mão e, sem dizer uma palavra, pensa: *Oi! Eu vejo você! Você consegue. Vamos em frente.*

Esse tipo de pensamento teve um grande impacto no meu humor, nos meus sentimentos, na minha motivação, resiliência e atitude. Antes de incorporar esse hábito, eu costumava começar o dia com a sensação de estar empurrando uma grande pedra morro acima. Agora, saio do banheiro me sentindo leve.

Todas as manhãs, assim que bato a mão no meu reflexo no espelho, estabeleço uma conexão mais forte comigo mesma.

A sensação é tão boa que, um dia, decidi tirar uma foto desse gesto e publicar nas minhas redes sociais. Afinal, é isso que nós, influenciadores, fazemos. Compartilhamos o amor. Não coloquei legenda nem expliquei nada. Não coloquei sequer uma *hashtag*. Simplesmente publiquei no story do Instagram.

Como logo descobri, eu não era a única pessoa no planeta precisando de um *high five* naquele dia.

CAPÍTULO 2

A ciência diz que funciona

Este foi o primeiro *high five* que compartilhei nas redes sociais.

Observe que não há explicações. Somente eu, em pé, felizmente vestindo algo além das minhas roupas íntimas. Ainda com o aparelho ortodôntico que uso para dormir. O cabelo de quem acabou de sair da cama. Dando um *high five* para mim mesma no espelho.

Em menos de uma hora, pessoas de todas as partes do mundo começaram a me marcar em fotos delas mesmas dando *high fives* no espelho. Fiquei surpresa ao ver gente de todas as idades e origens, homens, mulheres, crianças e avós, abrindo espaço para uma autocelebração no espelho antes mesmo de sair para o trabalho ou de ir para a escola, antes de o dia começar. Aquelas fotos irradiavam energia e entusiasmo.

Este foi o primeiro dia

Eu não podia imaginar como cresceria o movimento em torno do *high five* ou como o gesto transformaria a vida de tantas pessoas ao mudar a maneira como elas se viam.

Dar um *high five* não custa nada, mas o que isso proporciona é inestimável: um momento de autoaprovação. É um lembrete de que você ainda está em pé, ainda está sorrindo e, independentemente do que acontecer, ainda pode contar consigo mesmo.

Numa das fotos em que fui marcada, a pessoa está dando um *high five* no banheiro de um abrigo para vítimas de violência doméstica. Apesar do local, de quem estiver ao seu lado, da situação que você estiver enfrentando ou do pouco ou muito que você tem, o importante é que você ainda tem a si mesmo. Adorei ver todas as fotos porque me fizeram pensar que *talvez essa história de* high five *não seja assim tão brega*. Então, talvez eu não seja a única a precisar de um *high five* todos os dias.

Talvez você queira fazer anotações

Por que algo aparentemente tão tolo e tão simples é tão poderoso e contagiante? Quando pensei nessa pergunta, fiz o que sempre faço para entender algo: comecei a buscar respostas.

Primeira parada: entrei em contato com as pessoas que me marcaram em suas fotos. As conversas iniciais confirmaram que é impossível ter pensamentos ruins a respeito de nós mesmos quando aprendemos a celebrar quem somos.

Experimente. É verdade.

Quando você olha para si mesmo no espelho e levanta a mão em comemoração, não pensa algo do tipo: *Meu Deus, como sou feia. Sou um fracasso. Sou uma pessoa horrível. Odeio minha barriga.* É impossível fazer isso. Tentei dizer em voz alta *Odeio meu corpo* enquanto tocava o espelho, mas não deu certo. Comecei a rir quando pronunciei as palavras negativas. Não dá para ter pensamentos negativos ao fazer um *high five* porque sempre associamos algo positivo ao cumprimento. Assim que erguemos a mão, o inconsciente afasta a crítica da mente e a inunda de bons sentimentos.

É impossível também dar um *high five* e ao mesmo tempo se preocupar com a sua lista de afazeres, com um e-mail de trabalho ou com algo que precisa resolver naquele dia. Isso acontece porque o cumprimento é um teste de determinação para o agora. Ele induz você a se concentrar no momento presente. Pense: não existe nada pior do que trocar um cumprimento sem energia. Para dar um bom *high five*, é preciso se concentrar na ação e na *intenção*. É preciso estar completamente presente. A mesma coisa acontece quando você bate na sua própria mão no espelho.

As preocupações que surgem enquanto escovamos os dentes – *Como vou terminar essa apresentação a tempo de levar minha mãe à consulta médica?* – são silenciadas pelo simples ato de erguer a mão.

A espiral mental negativa acaba e o foco começa: *Eu vejo você. Eu acredito em você. Estou aqui com você. Você consegue.*

High five não é apenas um gesto, é um ato de autoaprovação

Não importa se você está de cueca ou vestindo um roupão rasgado, roupa de malhar ou vestido de festa. Quando encosta no espelho, você se sente visto, acolhido e apreciado.

Assim que sua mão e seu reflexo se tocam, você percebe que não é só o humor que se transforma; sua perspectiva também se altera e o faz pensar no objetivo maior que você quer buscar hoje. Nesse momento, você está em pé diante do espelho e seus pensamentos passeiam erraticamente pela lista de afazeres, o que leva você a se concentrar em todo mundo e em todas as coisas, razão pela qual sobrecarrega sua mente. Ao dar um *high five*, pensa somente no que quer fazer por si mesmo. Como deseja se apresentar hoje? Quem você quer ser? Em qual projeto pessoal precisa se empenhar para progredir?

Esse momento de reflexão intencional é mais poderoso do que você pensa. Uma pesquisa feita pela Harvard Business School descobriu que parar por um momento para refletir sobre o trabalho melhora o desempenho profissional, aumenta a eficiência e torna a pessoa mais motivada. A pausa afeta desde a confiança em alcançar os seus objetivos até o nível de produtividade.

À medida que os meses passaram, publiquei mais dicas sobre como tornar o *high five* um hábito, e a ideia começou a se espalhar rapidamente. Todo dia eu recebia notícias sobre o impacto que estava provocando na vida das pessoas e como elas estavam ensinando a prática a colegas de trabalho, filhos, amigos e familiares.

Empresas se interessaram pelo conceito e começaram a me chamar para dar palestras para suas equipes sobre o assunto.

Ao longo de 2020, apresentei a pesquisa e as aplicações que estão neste livro para quase 500 mil pessoas em palestras ao redor do mundo. Tenho absoluta certeza de que este hábito simples e as ferramentas de raciocínio aqui presentes vão mudar a sua vida. Porque elas mudam *você*.

O que dizem as pesquisas

A energia motivacional do *high five* foi bem documentada. Pesquisadores descobriram algo surpreendente sobre o cumprimento ao estudarem a melhor forma para motivar crianças diante de tarefas desafiadoras. Crianças em idade escolar foram divididas em três grupos e receberam tarefas difíceis para realizar. Depois, os pesquisadores aplicaram três formas diferentes de estímulos. Algumas crianças foram elogiadas por uma característica ("Você é muito inteligente" ou "Você é muito talentosa"), outras foram elogiadas por seus esforços ("Vocês são realmente dedicadas") e um terceiro grupo recebeu apenas um *high five*.

O *high five* foi, sem dúvida, a melhor motivação. Eis o porquê: as crianças elogiadas por serem inteligentes, talentosas ou habilidosas foram as que ficaram menos motivadas e se divertiram menos. Aquelas elogiadas por seu esforço mostraram mais satisfação e um nível maior de persistência. E as crianças que receberam um simples *high five*? Tiveram a melhor resposta positiva em relação a seus esforços e perseveraram por mais tempo (persistência, gente!), apesar de cometerem erros. Os resultados foram tão claros que os pesquisadores chamaram o estudo de "*High fives* motivam" quando o publicaram no periódico acadêmico *Frontiers in Psychology*.

Os pesquisadores concluíram que dar um *high five* a alguém é uma *celebração compartilhada*. Segurar a sua mão e abrir um sorriso são dois sinais inequivocamente reconhecíveis de orgulho e encorajamento. Um *high five* significa uma celebração com outra pessoa. Você está passando a sua energia para ela. Algo muito diferente de oferecer um elogio verbal passivo. Quando você recebe um *high five*, é visto e reconhecido como uma pessoa. Não por suas habilidades, esforços ou notas. Você está sendo elogiado e reconhecido por ser *você*. E o que estou dizendo é que você pode usufruir dessa mesma energia quando dá um *high five* a si mesmo no espelho. Outra coisa a considerar: não é preciso dizer uma só palavra. O próprio *high five* passa a mensagem de celebração e crença.

Repetir mantras e declarações como "Eu me amo" pode ser poderoso, mas a pesquisa mostra que, a não ser que você realmente acredite no mantra que está repetindo, sua mente vai encontrar razões para rejeitá-lo. (No Capítulo 7, você vai aprender a criar "mantras inspiradores", declarações positivas que a sua mente irá incorporar.) É por isso que o *high five* é tão incrível. Sua mente não o rejeita porque ela sempre associou o gesto a acreditar na pessoa que você está cumprimentando. Além disso, não é um elogio verbal passivo. Quando você dá a si mesmo um *high five*, está provando para o cérebro que "é o tipo de pessoa que se alegra sozinha". Trata-se de um ato físico de *união com você mesmo*, de autorreconhecimento e de autoconfiança.

Como descobriu uma adepta ao colocar em prática o hábito diariamente, "uma coisa é dizer coisas positivas a si mesmo, outra é expressar esse sentimento. Isso dá mais significado, reforça essa expressão para ajudá-lo a acreditar em si mesma e em seu valor. Como dizem, ações dizem mais do que palavras".

Como criar campeões

Um *high five* favorece o desenvolvimento da autoconfiança e da capacidade de vencer na vida. Pesquisadores da Universidade da Califórnia em Berkeley estudaram os hábitos dos jogadores bem-sucedidos da NBA. No início da temporada, eles registraram a frequência com que os jogadores trocam *high fives* entre si, além de outros sinais de encorajamento, como soquinhos leves. Considerando o número de *high fives* durante um jogo no início da temporada, os pesquisadores previram quais equipes teriam os melhores resultados no futuro.

Os melhores times da NBA, aqueles que conseguiram ganhar os campeonatos, foram os que trocaram mais *high fives* no início da temporada. E por que o gesto é um bom indicador de um resultado positivo? Tudo se resume a confiança. Os jogadores dos times que trocam *high fives* constantemente estimulam uns aos outros. O toque físico quer dizer *Estamos juntos. Vamos lá, nós conseguimos.* Ele ajuda a esquecer uma jogada ruim. Levanta o moral. Passa confiança. E relembra que ainda é possível vencer.

Os jogadores dos times que mais trocam *high fives* acreditam uns nos outros e na capacidade da equipe de vencer. Jogam como se confiassem uns nos outros. A força tácita que compartilham os ajuda a se tornarem imbatíveis. Em contrapartida, os piores times da NBA mal se tocam. A linguagem corporal deles é péssima. Nada de *high fives*. E essa falta de contato se traduz em jogadas individuais ineficientes, como os resultados demonstram.

Mesmo que o time tenha bons jogadores, a boa qualidade técnica não é suficiente para ganhar. Imagine-se recebendo *high fives* ao longo de todos os treinos e da temporada inteira até a conquista do campeonato. Essa cultura de celebração e encorajamento é estimulante e faz com que cada um, altruisticamente, dê o melhor de si. É o tipo de incentivo de que todos nós precisamos, e você pode criar um espírito colaborativo com você mesmo.

A conquista dos objetivos como um time

O *high five* não serve apenas para o esporte. Precisamos ser vistos, apoiados e celebrados no trabalho também. O Google realizou um estudo ao longo de três anos chamado Projeto Aristóteles, que se propôs a definir do que são feitas as melhores equipes. A conclusão foi a mesma: os times de alto desempenho, no trabalho e na vida, são aqueles em que cada membro se sente visto e acolhido e pode confiar em seus companheiros. Eles têm a chamada "segurança psicológica". Sentir que os outros nos apoiam e torcem por nós nos torna mais resistentes e otimistas. Essa sensação cria uma atmosfera de confiança e respeito.

Numa análise mais profunda, a pesquisa mostra que a maior diferença entre gostar ou não do trabalho e considerá-lo significativo não é a qualidade do que é produzido, ou o número de dias de férias a que se tem direito, ou mesmo o valor do salário. O segredo da felicidade no trabalho é o fato de a pessoa ter ou não um gerente que se preocupa com ela. Um gerente *high five* oferece apoio e é alguém em quem se pode confiar – e que confia em você. Afinal, quando a pessoa chega para trabalhar, quer se sentir valorizada, acolhida e reconhecida.

Um *high five* no espelho comunica exatamente essas coisas, só que para você mesmo. Se um bom dia no trabalho tem a ver com ser valorizado, será que não faz sentido começar o dia se autovalorizando? Claro que sim.

O cérebro presta muita atenção

Toda essa pesquisa explica por que nos sentimos tão motivados e fortalecidos, mas isso não é tudo. Eu não pediria que você dê a si mesmo um *high five* todas as manhãs no espelho do banheiro, e dizer que essa atitude vai mudar a sua vida se eu não tivesse a certeza de que isso realmente faz diferença. Eu queria entender como um *high five* era capaz de mudar o cérebro em um nível estrutural porque era isso que eu estava sentindo. Em poucos dias minha mente parou de focar minhas "falhas" por puro hábito e passei a me aceitar como sou.

Nessa busca por respostas, comecei a analisar uma área de pesquisas chamada neurobiótica. O neurobiólogo e pesquisador da Universidade de Duke, Lawrence Katz, descobriu que as intervenções neurobióticas são uma das maneiras mais fáceis e poderosas de criar caminhos e conexões em seu cérebro. Em um exercício neurobiótico, uma atividade de rotina (*olhar para si mesmo no espelho, por exemplo*) é associada a duas coisas: (1) algo inesperado que envolve os seus sentidos (*como dar* high five *para sua imagem no espelho*) e (2) uma emoção que você gostaria de sentir (*uma celebração*).

Os exercícios neurobióticos fazem o cérebro entrar em estado de alerta. A ação cria uma espécie de "fertilizante cerebral" que induz o cérebro a aprender novos hábitos com mais rapidez. Esse estado de atenção elevada cria novas conexões nervosas que conectam a ação até então rotineira (*trocar* high five *com outras pessoas*), mas quando realizada de forma inesperada (*dar* high five *para si mesmo*) coloca o cérebro em alerta – com a emoção que você gostaria de sentir.

Os estudos descobriram que escovar os dentes com a mão não dominante enquanto repete um pensamento força o cérebro a prestar atenção naquela mensagem. Usar a mão não dominante impulsiona o cérebro a ter foco, e a partir daí ele presta atenção em tudo o que está acontecendo, incluindo o que você está dizendo enquanto escova os dentes. O esforço faz você lembrar com precisão as palavras e os sentimentos que eles evocam, porque você cria uma associação com o novo hábito físico (*escovar os dentes com a mão não dominante*).

O *high five* funciona de maneira parecida: quando você cumprimenta a si mesmo no espelho (*algo que você não faz normalmente*), o cérebro presta atenção. Graças às décadas de associações positivas com um *high five*, o cérebro começa a ligar aquela associação positiva com a sua própria imagem. O cérebro gosta de usar atalhos mentais como esse, razão pela qual o *high five* é a forma mais rápida e fácil de substituir o padrão de olhar para si mesmo e se sentir inseguro e com raiva por um sentimento de amor-próprio e autoaceitação.

MIT, dislexia, flexibilidade mental

Percebi que eu já tinha testemunhado o poder da neurobiótica em meu filho, Oakley. Tive a sorte de descobrir relativamente cedo que ele tinha dislexia e disgrafia, que são diferenças de aprendizagem com base na linguagem. Eu o matriculei numa escola especializada chamada Carroll School. Participei uma vez de uma sessão de orientação, na qual o professor me explicou que a escola fazia parte de um programa de pesquisa do laboratório de neurociência do MIT (Massachussetts Institute of Technology). As intervenções que faziam com os alunos disléxicos foram planejadas para estimular o desenvolvimento de novas vias neurais.

Parte do problema da dislexia é que muitas das vias neurais que conectam um lado do cérebro com o outro ainda não estão formadas. Literalmente, são tão somente uma massa cinzenta.

A escola usou a intervenção neurobiótica para estimular novas vias neurais e flexibilidade mental. Para mim, seria como fazer uma chupeta para o carro voltar a funcionar. A bateria está no cérebro, e ela precisa de uma pequena faísca neurobiótica para dar a partida.

A escola tinha um quadro enorme cheio de pequenas lâmpadas e uma linha marcando o meio. Sempre que uma das luzes acendia, Oakley tinha que tocá-la. A questão é que ele precisava usar a mão esquerda para tocar as lâmpadas no lado direito e a mão direita para tocar as coisas no lado esquerdo. A combinação do pensamento (*Tocar no lado direito*) com a ação física de mover o braço para o lado oposto desenvolve a destreza mental. Muda, literalmente, a estrutura do cérebro, criando vias neurais, da mesma forma que abrimos um caminho na neve com a ajuda de uma pá.

O *high five* é parecido. Conforme aprendemos, quando combinamos o movimento do braço de uma forma não usual (*dar* high five *para si mesmo no espelho*), estamos fazendo algo diferente, e isso exige uma atenção especial por parte do cérebro. Além do mais, você passou a vida inteira associando dar e receber *high five* a algo positivo. O subconsciente está programado para associar celebração, convicção e possibilidade a esse gesto. Portanto, quando você levantar a mão para seu reflexo, o subconsciente diz de maneira automática: "Sou digno de ser celebrado, considerado e capaz de fazer qualquer coisa."

Quanto mais repetimos esse comportamento, mais o cérebro associa confiança e celebração com o nosso reflexo no espelho. Aos poucos, ele inverte a opinião padrão que temos sobre nós mesmos de negativa para positiva. Ao mesmo tempo, reprograma o subconsciente para parar de criticar o reflexo no espelho e começar a amá-lo.

Um comportamento mais positivo

Àquela altura, eu estava convencida de que o *high five* que eu me dava diante do espelho estava criando vias neurais, que me ajudaram a fortalecer a autoestima, a dignidade e a autoconfiança, mas ainda assim queria confirmar minhas suspeitas. Entrei em contato, então, com a neurocientista Judy Willis, uma das maiores especialistas no aprendizado de novas informações e hábitos processados pelo cérebro. Contei sobre como o *high five* mudou a minha vida e como esse hábito havia funcionado também para centenas de pessoas com quem eu havia conversado.

Judy me explicou como o cérebro pode ser mudado (você conhecerá outras ideias inovadoras da neurocientista ao longo do livro). Ela concordou que, com essa prática simples, eu criei, de fato, um comportamento automático mais positivo e novas vias neurais em minha mente. E já que eu posso fazer isso, você também pode.

A validação do hábito é fundamental porque o que você pensa repetidamente se torna uma convicção subconsciente padrão. Por anos, o seu padrão foi provavelmente algo tenebroso como *Não sou bom o suficiente, Nada dá certo para mim, Eu sempre estrago tudo, Por que me preocupar?, Uau, como sou feio*. Meu padrão é que tudo é culpa minha e alguém está sempre chateado comigo. Você vai aprender a usar o *high five* para reprogramar sua convicção padrão, porque você precisa aprender a ser gentil com você mesmo.

Seja gentil sempre

Um último detalhe: quando os pesquisadores estudam tudo o que você poderia mudar em seu cotidiano e que tem um impacto significativo na qualidade de vida, eles salientam que há uma mudança importante a ser feita: adotar como hábito *ser gentil com você mesmo.*

Pesquisadores da Universidade de Hertfordshire, na Inglaterra, realizaram um estudo sobre coisas que produzem felicidade e satisfação. Eles analisaram uma série de comportamentos e hábitos que poderiam melhorar a vida, desde praticar exercícios físicos até experimentar coisas novas, investir tempo nos relacionamentos, ser gentil com os outros, realizar atividades que trazem um senso de importância, trabalhar para alcançar objetivos, etc.

O estudo concluiu que o indicador número um de quanto você pode ser feliz é a autoaceitação. Ou seja, quanto você é gentil com você mesmo e quanto torce por si mesmo têm um impacto direto e proporcional na sua felicidade. Ser gentil consigo mesmo tem o poder de mudar completamente sua vida, ainda que a autoaceitação seja uma característica que praticamos minimamente. Você pode beber um smoothie de couve, ir à academia, levantar-se mais cedo, cortar o glúten da alimentação e meditar e ainda assim se criticar o tempo todo por não estar fazendo o suficiente ou da forma correta. É por isso que ser gentil consigo mesmo é o que realmente importa.

O amor exigente

Nenhum de nós foi ensinado a fazer isso. Simples assim. Fomos criados por mães que se criticavam no espelho e se sentiam culpadas por reservar um tempo para si mesmas, e por pais que não expressavam suas emoções e que mensuravam a autoestima com base no salário que ganhavam ou no sucesso que conquistaram fora de casa. Nossos pais exigiam muito de si mesmos e, por tabela, exigiram muito de nós.

O amor exigente era o estilo de criação. *Engula o choro, não seja infantil, enxugue essas lágrimas. Meu pai também me batia e eu não morri.* Honestamente, esse último comentário me tira do sério. A pior desculpa do mundo que um pai pode dar é "Fizeram comigo e não morri". Isso não faz sentido para mim. Se você sofreu quando criança, devia fazer de tudo para garantir que ações como essa não se repetissem com seus filhos. Mas não é o que acontece. Seus pais se espelham em um modelo antigo de educação, e você acaba por imitá-los.

É por essa razão que você é tão duro consigo mesmo. Na infância, o cérebro absorveu tudo o que se passava ao seu redor. Isso explica a motivação inconsciente de repetir algumas dinâmicas que você aprendeu quando era pequeno.

Padrões devem ser quebrados

Está na hora de interromper o ciclo geracional. A pesquisa mostra que, ao ser enérgico demais consigo mesmo, o resultado é o oposto do que você imaginava. Não é encorajador, não dá incentivo para que você alcance seu objetivo. Apenas o bloqueia. E o faz se sentir derrotado e desanimado. É a razão de você estar estagnado. Para ter uma vida feliz e realizada, você precisa ser gentil com você mesmo, e esse comportamento começa com a prática da gentileza, todos os dias.

O pensamento positivo não é a resposta

Se o pensamento positivo por si só fosse capaz de mudar a vida, você já teria usado essa técnica. Quero deixar algo bem claro: *high five* não tem a ver com elogios falsos ou pensamentos positivos forçados. Este é um livro sobre como mudar a programação mental padrão que o mantém preso em um relacionamento destrutivo consigo mesmo.

A princípio, você pode não conseguir pensar em um caminho para uma nova vida. Pode nem mesmo desejar um caminho nessa direção. Mas vai ter que praticar alguns novos hábitos se quiser mudar. Vai precisar agir de forma diferente, tomar decisões diferentes. Embora pensar de forma positiva possa melhorar o humor, há quem continue estagnado apesar da positividade que tenta imprimir na vida.

Isso acontece porque os obstáculos que enfrentamos são reais, e alguns podem ser muito difíceis.

Não se pode ver uma situação horrível e dizer a si mesmo que ela é maravilhosa. Isso é "positividade tóxica", e você não encontrará nada desse tipo neste livro. Não é possível passar por cima de problemas sérios, traumas de infância, desigualdades sistêmicas, vícios, racismo, discriminação, dor crônica, violência e todas as outras experiências extremamente difíceis que as pessoas enfrentam ao longo da vida. Trabalhei anos como advogada de defesa criminal na Legal Aid Society e vi, em primeira mão, como a pobreza e a discriminação sistêmica tiram as pessoas do caminho que pretendiam trilhar.

A vida pode ser cruel e injusta. Quer sejam meramente irritantes, quer sejam do tipo que entristecem a alma e o espírito, seus problemas são reais e estão no seu caminho para atrapalhar o dia a dia. Ninguém sabe pelo que o outro está passando. É por isso que você deve ser gentil e dar a si mesmo o amor e o apoio de que precisa. Você tem o poder de mudar a sua vida. Não pode mudar o que aconteceu, mas pode escolher o que virá em seguida. É aí que reside o seu verdadeiro poder.

Independentemente de quanto o seu passado foi atroz, você ainda pode ter um futuro totalmente novo. Não importa que seus hábitos sejam autodestrutivos e seus erros, desastrosos. Não importa o tamanho de sua vergonha, você pode deixar o passado para trás e recomeçar.

Dar um *high five* para si mesmo não vai mudar o que aconteceu antes, muito menos eliminar os desafios que você está enfrentando agora. O *high five* muda *você*. Deixa você mais preparado para lidar com as circunstâncias da vida – seja acordar num abrigo, seja ter que enfrentar o primeiro dia depois da separação, encarar o dia seguinte pós-demissão ou o início de mais um ciclo de quimioterapia.

Uma seguidora chamada Jenn me disse: "Manter a atitude mental correta é 99% da guerra contra o câncer e é fundamental para sobreviver à quimio. Estou sempre preocupada com as outras pessoas, animando todo mundo, e às vezes esqueço de me encorajar. É por isso que adoro me olhar no espelho e me dar um *high five*, pensando: *Você consegue*. Como esta sessão de quimioterapia tem sido um tanto difícil, vou lá e faço um *high five* para me dar coragem. Sou a minha maior fã. É assim que assumo o controle da situação, me torno uma luz positiva na minha própria vida e sigo em frente."

Ainda precisa ser convencido?

Pareço um disco quebrado, mas isso me traz de volta ao espelho. Incorporar o hábito de se olhar todas as manhãs e levantar a mão é o primeiro passo para gerar uma nova relação consigo mesmo. Afinal, é o relacionamento mais importante que você tem. Ele molda todos os outros relacionamentos, molda as decisões que você toma. Quando você substituir a insegurança e a autocrítica que o coloca para baixo pela autoaceitação e o amor-próprio que eleva o seu espírito, sua vida vai mudar.

Então, que tal fazermos disso um hábito?

CAPÍTULO 3

Algumas perguntas a serem respondidas

Como exatamente eu começo a modificar meu dia a dia?

Todas as manhãs, antes de verificar o celular ou deixar que o mundo invada a sua vida, tire um instante para se encontrar com o seu reflexo no espelho. No segundo em que sair do banheiro, quase todos os momentos serão dedicados a outras pessoas. Você ficará distraído com o telefone, com o que está acontecendo no trabalho, com as exigências dos seus filhos.

Esse é o seu minuto matinal com dois passos simples e poderosos:

1. Em pé, diante do espelho, fique consigo mesmo por um segundo.

Não preste atenção na sua aparência. Aprofunde-se. Veja a pessoa que está dentro desse corpo. O espírito sob a pele e a alma por trás do rosto.

2. Quando se sentir pronto, dê um **high five** *para você mesmo no espelho.*

Perceba como sua mente fica em silêncio. Você pode sentir um impulso de energia, uma sensação de conforto: *Vai ficar tudo bem.* É um momento forte. Sem dizer uma palavra, você está declarando a si mesmo: *Amo você. Eu vejo você. Acredito em você. Vamos lá. Não se apresse. Desfrute.* Este momento é único, é só seu.

Por que fazer isso logo de manhã?

Existem duas razões para iniciar o dia com um *high five*:

1. *Isso vai afetar a sua produtividade e o modo como você vai passar o dia.*

Quando a primeira coisa que você faz ao acordar é dar um *high five* para si mesmo, você estabelece um tom positivo para o dia. Pesquisas mostram que o humor matinal afeta a produtividade durante o dia. Você pode se surpreender com a mudança. Caroline, uma adepta do hábito, me contou que estava admirada por se sentir "estranhamente motivada" o dia inteiro depois de fazer o *high five*.

Como Gloria, outra fã, você pode descobrir que o *high five* cria uma energia contagiante que se mantém o dia todo. O relato dela: "Fui líder de torcida no colégio, então cantei uma musiquinha daqueles tempos e acabei caindo no chão de tanto rir. Sou uma jovem de 76 anos. Eu me sinto ótima."

Niki também se sentiu assim depois que começou a praticar: "Passei pelo espelho e dei um *high five* para mim mesma. Eu me senti meio idiota, mas depois então ri muito. Então eu disse, 'Vai nessa, garota', e fui cuidar da vida. Que sensação boa. Eu me senti invencível."

Ao começar o dia em um estado de espírito positivo, é bastante provável que você tome iniciativas que vão impactar positivamente a sua vida. Ação é o segredo de tudo. Em vez de pensar somente em qual é o caminho para um novo estilo de vida, você tem que tomar todas as medidas possíveis para criar condições de ter, de fato, uma vida diferente. E, basicamente, o *high five* coloca você em movimento para que assuma o controle de seus atos.

2. *O gesto ensina você a priorizar as suas necessidades, desde o momento em que você sai da cama.*

Adoro este raciocínio que Nina, outra adepta do hábito, compartilhou comigo: "Como posso ser capaz de encorajar outras pessoas o dia inteiro e não arranjar tempo para incentivar a mim mesma? Acabei de dizer a uma amiga: *'Você se basta, não precisa de ninguém! Você é linda, única e criativa – aprenda a se amar e a se aceitar!'* E, quem diria, isso era exatamente o que *eu* precisava ouvir. Isso me fez entender que eu me preocupo mais com os outros do que comigo mesma."

Em vez de acordar e checar as redes sociais ou os e-mails ou tomar conta de todo mundo, reserve um tempo para dar esse amor, apoio e atenção a si mesmo. Como bem disse Nina: "Está na hora de olhar no espelho e falar para mim mesma aquelas palavras inspiradoras e dar um *high five* por ser tão incrível."

Tenho mesmo que tocar o espelho? Não quero sujá-lo.

Você pode fazer isso do jeito que quiser. Tocar ou não o espelho. Pode só aproximar sua mão do reflexo. Pode abrir os dedos ou mantê-los fechados. Não importa como você vai fazer, só não se esqueça de fazê-lo.

Por que no banheiro?

O banheiro é um dos poucos lugares onde você fica sozinho. Quando está na academia, na escola ou no trabalho, é provável que você se sinta constrangido para experimentar o gesto. Além disso, você já tem uma rotina matinal diante do espelho, então basta acrescentar um item a ela. As pesquisas mostram que quando você "adiciona" ou associa um hábito novo (*high five*) a um antigo (*escovar os dentes*), aumenta a chance de fazê-lo.

Um truque da técnica de atenção plena que eu adoro é "estar onde estão os meus pés". Não acione o piloto automático enquanto penteia o cabelo, se barbeia ou aplica a maquiagem. Tire um momento para dar uma pausa e estar realmente com você. Um olhar intencional no espelho do banheiro é inspirador. Pode ser um instante íntimo de autorreconhecimento, valorização. Até mesmo de amor. Pode ser a única chance ao longo do dia de você apreciar a sua própria força, a sua beleza, o seu brilho. Mas essa chance raramente é aproveitada, pelo menos até agora.

Precisa ser no espelho ou posso dar um *high five* com as mãos no ar?

Isso não é um *high five*, mas um aplauso esquisito.

O espelho é necessário. E a ciência explica por quê: você está fundindo a associação positiva que o cérebro tem do *high five* (*Acredito em você!*) com o seu reflexo. O hábito é o começo de uma nova parceria com você mesmo. Você perdeu um pedaço de si na correria do dia a dia. Eu com certeza perdi. O *high five* da manhã é a maneira mais rápida de se conectar com você mesmo, com suas necessidades, seus objetivos e sonhos, com as forças mais poderosas ao seu redor.

Por que "hábito" de dar um *high five*?

Eu chamo de hábito, e não de *high five* matinal porque um hábito deve ser repetido para se tornar uma segunda natureza. Todo mundo comete o erro de esperar para se sentir digno de amar e celebrar a si mesmo. Essa é uma visão equivocada, que precisa ser mudada.

Hábito é só uma palavra bonita para "padrão". Hábitos são fáceis de aprender quando você os transforma em coisas simples, pequenas, para ser realizadas todos os dias. O *high five* passa uma sensação tão boa que você vai achá-lo um hábito fácil de lembrar e repetir.

De fato, ele se torna rapidamente algo natural, como foi para Dominique: "Acordei no meio da noite para abrir a porta para meu cachorro passear e, ao passar por um espelho, parei para me dar um *high five* e voltei a dormir. O hábito de dar um *high five* já se tornou parte da minha vida, mesmo quando estou meio dormindo." Quanto mais *high fives* você dá, mais gosta do hábito em si, o que significa que está apaixonado pelo processo de aprender a se amar novamente.

Funciona para todo mundo?

Claro que sim.

Mas é preciso transformá-lo em hábito. Não funciona se você fizer por dois dias e depois disser a todo mundo que é uma bobagem. Todos os hábitos exigem repetição. Incorporar um novo hábito pode ser difícil no começo, porque você não está acostumado com ele. É normal querer abandoná-lo antes de virar rotina. Mudar é simples, mas nem sempre é fácil, e você consegue fazer isso se estiver disposto a praticar todas as manhãs no espelho.

Lisa e a filha sentiram os efeitos do gesto logo no início: "Comecei hoje a me dar *high five* junto com a minha filha de 9 anos. Ela disse que aquilo a fazia se sentir bem. Seu sorriso era contagiante. Adoro o tanto de positividade que vem com um gesto tão simples." Repita o gesto todos os dias e ganhe confiança para gerar uma vida mais positiva.

Por que não dar um *high five* para outra pessoa?

Você já faz isso.

Você passa muito tempo vendo todas as coisas ao seu redor, passa muito tempo absorvendo o que *as pessoas* querem, o que *elas* precisam e esperam de você. É por isso que *você* está em último lugar na sua lista. É por isso que você cuida com dedicação de sua aparência, de suas expressões e reações para satisfazer o olhar externo daqueles que o cercam. Você acha que sua dignidade e autoestima são um reflexo da forma como as outras pessoas o percebem. Se elas gostam de você ou o acham inteligente, merecedor ou suficientemente bom, então você se sente inteligente, merecedor e suficientemente bom.

Você está olhando para o espelho errado quando analisa sua capacidade pelas lentes da aprovação das outras pessoas. Um milhão de curtidas nas redes sociais não têm valor algum se você não gostar de si mesmo. Inverta o foco da validação externa – curtidas, seguidores, visualizações, elogios – e dê a si mesmo essa validação apenas por estar aqui, vivo e pronto para aproveitar o dia.

Estou surpreso pelo tanto que isso me emocionou. É normal?

Bastante normal. Muitas pessoas que tentam dar *high five* a si mesmas são surpreendidas pelas emoções que o gesto provoca. Você pode se identificar com algumas das histórias a seguir.

Alyssa: "Dei um *high five* no espelho ontem. Não achei que fosse acontecer alguma coisa, mas de repente comecei a chorar. Meu espírito desejava isso desde sempre. #EuPrecisavaDisso."

Wendy contou que, logo depois de começar a praticar o hábito, se sentiu exausta. Na noite do dia em que começou, foi para a cama cedo e tomada pela emoção. Mas, na manhã seguinte, acordou se sentindo revitalizada e com disposição para realizar uma série de tarefas que vinha adiando. "Acho que talvez tenha liberado alguns bloqueios", afirmou. Se você também passar por isso, é normal.

Às vezes, o alívio emocional que você sente pode ser muito positivo. Michael disse: "Dei um *high five* no espelho e me senti ótimo. Até enrubesci." Jeannette contou que sempre dá um salto depois de um *high five*. Seja qual for a sua reação, permita-se senti-la.

Por que algo tão simples funciona?

A genialidade e o poder desse hábito estão na simplicidade.

Seria óbvio pensar que é a coisa mais estúpida que já ouviu, mas é exatamente por isso que funciona: os recursos só dão certo quando são usados. Se forem simples, você vai colocá-los em prática. A mudança de comportamento só acontece quando você repete o comportamento. Minha pesquisa mostra que, para criar um hábito, ele precisa ser fácil de incorporar à rotina. Como o *high five* é fácil e dá uma sensação de conforto, se você repetir o hábito diariamente provará a si mesmo que não foge de um desafio. E isso gera confiança.

Por que eu deveria confiar em você?

Não precisa confiar em mim. Estou tentando ensiná-lo a confiar em si mesmo. Não quero que você olhe para mim. Estou direcionando você para seu próprio reflexo.

Meus problemas são reais, Mel. Como isso pode me ajudar nos momentos difíceis?

Conforme o relato de Jenn no capítulo anterior, o hábito do *high five* não a curou de um câncer, mas a ajudou a se sentir encorajada, apoiada, celebrada por sua força ao longo das sessões de quimioterapia. Isso vale para qualquer dificuldade que você esteja enfrentando.

Lauryn escreveu: "Sou mãe solo. No último ano, um de meus melhores amigos se suicidou e eu desisti de um relacionamento que não me fazia bem. Enfrentei momentos de tristeza e me senti fracassada e cheia de defeitos. Agora, toda vez que passo por um espelho, dou um *high five*. Faço isso para me lembrar que estou viva e que mereço correr atrás de meus sonhos. E para inspirar minhas filhas a viverem com alegria e autenticidade, para que saibam que são ótimas independentemente do que a vida lhes ofereça."

Quem sabe você, assim como Kendra, esteja lidando com algum problema no trabalho. A empresa onde ela trabalha não está conseguindo vender nada, mas ela continua dando *high five* diariamente "para me manter motivada". Já Breanne escreveu: "Terminei hoje um projeto em que estava trabalhando havia um mês. Quando olhei para o resultado, fiquei admirada e orgulhosa. Entreguei o projeto com a cabeça erguida e um sorriso no rosto, mas ouvi o seguinte comentário: 'Está bom, é um começo'. Normalmente, eu teria passado o resto do dia me torturando, duvidando de mim mesma, pensando obsessivamente no que aconteceu e me retraindo. Não desta vez. Algo me forçou a ir até o espelho para dar um *high five*. Agora estou recompensando todo o meu esforço com um tempo livre só para mim."

Assim como para as crianças que receberam *high fives* dos professores naquele estudo, o incentivo e a parceria consigo mesmo é exatamente o que se torna necessário diante do fracasso e do desafio. Somos relembrados de que podemos enfrentar qualquer coisa, e que temos resiliência, vigor, força e coragem para encarar este momento da vida e sair inteiro disso. O *high five* reconhece quanto estamos nos esforçando. Da mesma forma que um colega de equipe o apoiaria naquele projeto importante de sua vida, você pode apoiar a si mesmo com um *high five* diário, que diz *Você consegue resolver isso. Sei que consegue.*

E se eu não tiver vontade de fazer isso?

Faça mesmo assim. Um dos motivos pelos quais você não tem o que quer é porque, quando não sente vontade de fazer algo, simplesmente não faz. A vida só fica mais fácil quando realizamos coisas difíceis o tempo todo. Saia da passividade e faça.

Leia o que Paula disse depois que começou a se dar *high five*. Sua compreensão da vida que leva é de partir o coração. É também o motivo comum de as pessoas não se disporem a mudar.

"Tenho dificuldade em torcer por mim mesma porque me incomodo com qualquer pessoa que tenha a audácia de amar a si mesma. Parece loucura, mas eu penso: *Será que vão gostar de mim se eu gostar de mim mesma? As mulheres que se gabam de suas conquistas não são consideradas arrogantes?* Detesto mulheres que vivem se autoelogiando, mas ao mesmo tempo as admiro. São as idealizadoras, as atletas, as viajantes."

Ela continua: "Não me sinto capaz, não porque meus sonhos sejam extravagantes, mas porque tenho a impressão de que as pessoas merecem mais, principalmente porque se autoestimulam mais. Então, é muito mais fácil aplaudir quem está na frente do que me autoencorajar. É mais fácil ficar na sombra do que ir buscar o ouro e quebrar a cara. Seria a comprovação de que não sou boa o bastante e já tenho provas suficientes disso."

Quando leio esse depoimento, posso sentir o sofrimento de Paula e seu desejo mais profundo. Ela quer ser vista e celebrada e se sentir valorizada. Neste momento, seus sonhos a assustam. Ela quer ter uma vida *high five*. Ela quer "buscar o ouro". O depoimento dela mostra como nossos pensamentos negativos podem nos manter paralisados num lugar bem ruim. E quando você não consegue o que deseja, se ressente de quem consegue. O *high five* é o primeiro passo para mudar isso. Se a autorrepressão é um hábito, vamos aprender a nos estimular para seguir em frente.

O *high five* não serve apenas para quando temos algo a comemorar?

É claro que não. O autoencorajamento em todas as etapas do caminho é a fórmula secreta para vencer na vida. Uma das partes mais gratificantes de correr uma maratona é ver as pessoas ao longo do percurso torcendo pelos participantes. Se você aprender a fazer isso por si mesmo, cruzando ou não a linha de chegada, se tornará confiante mais rapidamente do que se ganhasse uma medalha ou conquistasse um lugar no pódio.

E se eu já estiver me sentindo um fracasso?

Se você estiver deprimido ou se sua autoestima estiver abaixo da crítica, dê um *high five* a si mesmo. Você precisa, e merece, fazer isso.

Desde o começo, sua vida tem sido uma prova de fogo. Você dá uma resposta errada e todo mundo ri. Você fala o que pensa durante o jantar e é mandado para o quarto. Você faz um teste para entrar no time de futebol e não é aceito. Você acha que a pessoa é sua amiga, mas ela o ignora. Você se candidata a uma promoção e é preterido. Você confia em alguém, mas ele o magoa. Você concorre a um cargo público eletivo e perde. Você se apaixona e sofre uma desilusão. Você abre um negócio e vai à falência. Você realiza um sonho e depois se sente novamente perdido.

Você considera esses eventos fracassos, mas não são. São lições. Assim como o aço, a confiança, a resiliência e a sabedoria são forjadas no fogo. A vida está sempre ensinando alguma coisa, se tivermos olhos para ver. Por que não se recompensar no caso de um fracasso espetacular? Até recentemente eu fazia o contrário. Era o tipo de pessoa que resistia a ser recompensada até o objetivo ser alcançado e me cobrava muito em todas as etapas.

O que aprendi é que os fracassos quase sempre levam a algo

incrível. O hábito de dar um *high five* vai ajudá-lo a se recompor quando a vida o estiver derrubando. E você precisa desse suporte porque tem a força dentro de si mesmo para atacar quando for a hora.

Ok, estou pronto. Qual é a melhor maneira de começar e de me lembrar de dar um *high five*?

Fico feliz com a pergunta porque estou aqui para ajudá-lo a começar.

Faça o desafio do *high five*.

É simples. Durante cinco dias, levante da cama e comece a manhã dando um tapinha no reflexo de sua mão no espelho. Basicamente, é isso. A parte mais legal é que você não assume o desafio sozinho. Faremos o desafio juntos. Basta inscrever-se no site High5Challenge.com (em inglês).

Durante cinco dias você fará parte de uma comunidade on-line global que participa do desafio. Toda manhã, enviarei um e-mail com um link para um vídeo com palavras inspiradoras que o ajudarão a se aprofundar na busca e nas mudanças que você vai experimentar. Você poderá acompanhar seu progresso e se conectar e torcer pelos outros participantes do desafio. O mais legal é que eles irão animá-lo a seguir em frente.

Ainda que esteja sozinho em seu banheiro quando faz o *high five* para o espelho, você dá fim à sensação de solidão quando se junta a nós no ambiente virtual, justamente porque não está mais só. A melhor parte é que o desafio é gratuito e sem compromisso. Só eu, você, uma dezena de pessoas realmente positivas de todas as partes do mundo e o espelho do seu banheiro.

Estudos mostram que é bem mais fácil mudar quando temos o apoio e o encorajamento de outras pessoas. O que importa é que não estamos sozinhos. Pessoas ao redor do planeta acordam todos os dias e dão um *high five* com você.

Depois de apenas cinco dias, você se surpreenderá com as mudanças. Veja o depoimento de Fran: "Devo dizer que tenho sensações diferentes toda vez que dou um *high five* para mim mesma. Sinto que algo fica um pouco melhor. Acredito um pouco mais que sou capaz de tudo. Hoje é o quinto dia de *high five* e me vejo transformada pela renovação mental. Agora virou um movimento, pois meus amigos e familiares começaram a participar também. Percebi que posso fazer uma grande diferença no mundo."

Será que isso gera mudanças duradouras?

O *high five* no espelho é apenas o começo. Neste livro você aprenderá muitas outras formas de dar a si mesmo encorajamento e apoio para obter o que precisa. E à medida que usar essas ferramentas para sair de uma situação de inércia e passar a agir, você irá experimentar sensações ainda mais revigorantes relacionadas a confiança, felicidade e realização.

A relação estabelecida consigo mesmo é a base para tudo em sua vida. O modo como você fala e se relaciona com o seu jeito de ser determina o tom do seu cotidiano. Como se sente, o que pensa, quais ações realiza. Se você olha no espelho e não enxerga uma pessoa digna de ser celebrada, está na hora de mudar seu olhar.

Você tem uma vida inteira de associações positivas com o *high five* porque fez isso por estranhos, amigos e colegas. Ao transformá-lo em hábito pessoal, os padrões que estão armazenados em seu subconsciente mudarão, e essa transformação irá melhorar o seu humor e o ajudará a alcançar os seus objetivos. Isso quer dizer que você alterará fundamentalmente a trajetória de sua vida.

CAPÍTULO 4

Por que eu me torturo?

Enquanto estava escrevendo este livro, recebi este bilhete de uma das minhas filhas.

> Como não me sentir
> a garota mais feia no bar toda vez
> que saio com as minhas amigas?

Esse é o tipo de bilhete que deixa qualquer um arrasado, porque não há absolutamente nada que se possa dizer para mudar a forma como ela se sente naquele momento. Acredite, eu tentei. Posso enumerar todas as razões de ela ser linda por dentro e por fora. Posso lembrá-la de seus maravilhosos atributos de personalidade. Posso listar suas realizações e elogiar seu senso de humor, inteligência e ética profissional. Posso cumprimentá-la por ser uma irmã, amiga e colega confiável, amorosa e respeitada.

Posso dizer a ela todas as coisas piegas que escritores, palestrantes motivacionais e mães dizem às pessoas que amam e que estão sozinhas e desanimadas: "Você simplesmente ainda não encontrou a pessoa que merece alguém tão fantástico como você, mas vai encontrar."

A rejeição da verdade

Não importa o que eu penso porque esse bilhete não é sobre mim. Ele mostra a relação que minha filha tem com ela mesma. Como ela se vê, como vê o mundo ao seu redor, como se encaixa nele. Tenho certeza de que você já viveu essa dinâmica com alguém que ama. Você vê quanto a pessoa é incrível, elogia seus talentos e atributos, e até mesmo sua aparência, e tenta convencê-la com fatos. *Isso não é verdade. Você tem amigos. Você é lindo. Tem tanto a oferecer!*

Não importa o que você diga ou as provas que apresente, nada mudará o que a pessoa acha de si mesma. Ela pode até ouvir o que você está dizendo, pode até se sentir melhor naquele momento, mas sua mente obstinada rejeita a verdade. Ela disse a si mesma tantas vezes ao longo dos anos que era uma fracassada e acumulou tantas provas de que isso era verdade que essa convicção está entranhada em seu subconsciente. É por isso que a pessoa que você ama chega a brigar quando você diz quanto ela é incrível.

Uma das percepções mais importantes que se pode ter é que a vida e a felicidade começam e terminam dentro da nossa própria mente. O que dizemos para nós mesmos, como nos tratamos, quais pensamentos repetimos são fundamentais. Não importa quanto nos tornemos bem-sucedidos, atraentes, famosos, musculosos ou ricos; se continuarmos focados no que está "errado", nunca seremos felizes.

Se acha que há algo errado com você, a ideia de dar um *high five* para si mesmo no espelho soará como "burrice", "estupidez" ou "pieguice", porque você não se acha digno de comemorar nada antes de corrigir o que está "errado". É por isso também que se sente desconfortável quando recebe elogios. Como não acredita nos elogios, não consegue aceitá-los.

A autocelebração é um conceito tão estranho quanto andar com as mãos ou comer com os pés. É por isso que seu subconsciente rejeita a ideia.

"Cara de espelho"

Quer ver seu subconsciente em ação? Basta olhar para si mesmo no espelho ou prestar atenção no que você faz quando alguém tenta tirar uma foto sua.

Meus filhos costumavam zombar de mim, dizendo que eu fazia uma "cara estranha" toda vez que olhava no espelho. Eu não tinha ideia de que mudava a expressão, mas, agora que percebi, acho que todo mundo tem um rosto diferente no espelho. Você inconscientemente identifica o que precisa ser "consertado" e ajusta sua expressão na tentativa de torná-la mais atraente (*Por que fazemos isso?*). Se você não percebe que isso acontece, observe os adolescentes ao seu redor. Todos eles têm uma expressão diante do espelho: pode ser o seu "melhor lado", a inclinação da cabeça ou a boca entreaberta para diminuir as bochechas.

Meu rosto no espelho envolve um leve movimento de apertar os lábios. Sei disso porque meus filhos implicaram comigo incansavelmente. É uma reação inconsciente à minha imagem, na tentativa de melhorar a aparência. Estou orgulhosa em admitir que nos últimos três meses eu não tenho feito essa "cara de espelho", porque não tenho mais me preocupado com a minha imagem. Vejo a pessoa que eu sou.

O que a ciência diz sobre a nossa expressão diante do espelho é que todos temos pensamentos automáticos, coisas em que pensamos com tanta frequência que se tornam um padrão, como o caminho demarcado no chão de tanto ser feito. Se você mudar deliberadamente suas ações ou seus pensamentos, muda também a forma padrão de pensar e agir. Essa mudança deliberada é chamada de "resposta neuroplástica". Nesse momento, seu pensamento padrão e a expressão diante do espelho fazem você se concentrar no que está errado. A boa notícia é que você pode mudar isso.

Tem algo errado com você?

Você não precisa saber quando ou como passou do amor-próprio à autocrítica. Se quiser desvendar de que modo esse processo começou, dê a si mesmo a oportunidade de frequentar um terapeuta. No caso da minha filha, perguntei e ela respondeu: "Não sei quando isso começou porque não me lembro de algum dia *não* me sentir dessa forma em relação a mim mesma ou ao meu corpo. A verdade é que eu sei que não sou assim tão feia. Sou apenas a maior de todos os meus amigos, e eu odeio isso. É isso que vejo no espelho. Sou maior do que queria ser, e isso me faz sentir péssima." Depois, ela completou: "Queria não pensar nisso o tempo todo, mas não sei como."

Quando conversamos mais a respeito dessa imagem preconcebida, ficou claro que não se pode odiar o próprio corpo e aceitar e amar a si mesmo simultaneamente. Quando você olha no espelho e foca no que precisa ser "consertado", o sentimento de autorrejeição tem o efeito oposto do *high five*. Minha filha não é a única a experimentar esse tipo de sentimento. De acordo com uma pesquisa, cerca de 91% das mulheres se mostram insatisfeitas com seus corpos, e as imagens com que somos bombardeadas pela TV, pelo cinema e pelas redes sociais não ajudam em nada. Quando você deseja ter uma aparência diferente da atual ou sente que não se encaixa no mundo, toda a sua existência parece gritar que há algo errado com você.

A razão de mudar sua mente

Existem três razões para você parar de se criticar e aprender a amar a si mesmo e se fortalecer emocionalmente.

1. *Quando você foca o que está errado, nunca vai mudar.*
Com essa atitude, toda mudança que você está tentando se impor é um lembrete de que precisa de "conserto" e faz tudo parecer mais difícil. É por isso que dietas não funcionam e os programas de exercícios ou restrições alimentares parecem uma punição. Estar "de dieta" só reforça a sensação de que há algo errado e que você não é uma pessoa interessante ou fantástica do jeito que é.

2. *Odiar o próprio corpo, o passado ou a si mesmo não o deixará motivado.*
A autocrítica dificulta a motivação. Se você não acreditar que merece ser elogiado ou não se sente bem na própria pele, por que se dar ao trabalho de mudar? Antes de tudo você precisa amar e aceitar quem é, perdoar-se por seja lá o que o fez chegar até aqui e agir com amor-próprio e autoestima: *Mereço ser mais feliz e mais saudável* e *posso cuidar melhor de mim mesmo*. Quando você se dá conta de que está fazendo isso porque se ama, não porque se odeia, a atitude *high five* irá apoiá-lo em cada passo do caminho.

3. *Quanto mais você repete, mais evidências surgem.*
A relação com você mesmo pode libertá-lo ou mantê-lo preso. No próximo capítulo, ensino como essas ideias fazem você se sentir péssimo e como elas mudam o filtro em seu cérebro e o mundo que você vê em tempo real. Pensamentos sobre o que está acontecendo naquele momento giram em sua mente todos os dias. Quando as coisas se repetem, criam ranhuras, sulcos, em

seu cérebro. Essas ranhuras se tornam vias conhecidas por onde você passeia. O mesmo cenário, as mesmas curvas, as mesmas voltas. Você conhece essas vias e elas conhecem você. Tornam-se parte da maneira como você se percebe. Contar todas essas histórias para si mesmo transforma um pensamento numa ideia e, com o tempo, na identidade que você cria para si mesmo.

Você não tem culpa pelas coisas que pensa. Muitas vezes, sua autocrítica é produto do que aprendeu com uma pessoa da família, que era enérgica demais com ela mesma. Independentemente de como começou a se criticar, a conclusão é de que, se essa atitude o deixa infeliz, você tem a responsabilidade de mudar a situação.

Contra o que você entrou em guerra?

A guerra é contra o ódio por você mesmo. Não é possível mudar quando há ódio. É preciso partir de um lugar de amor, e é aí que entra o hábito de dar um *high five*. Ele ensina você a se ver e a se tratar com bondade e amor.

Nina participou do desafio de cinco dias e fez uma descoberta poderosa: "Convivo com problemas de autoimagem por mais de 20 anos, e depois de cinco dias me dando *high fives* estou sorrindo para mim mesma em vez de me esconder. Obrigada."

Cathy disse que o hábito mudou basicamente a maneira como ela se vê: "Nós temos esse padrão de olhar no espelho e sempre ver as falhas. Observo que as minhas sobrancelhas não estão alinhadas, que fios grisalhos já estão aparecendo (que droooga), que agora tenho queixo duplo, que meus braços estão flácidos. Vejo muitas coisas erradas em mim, ainda mais agora que vivemos num mundo em que as videochamadas e as transmissões ao vivo na internet são a regra. Não é mais só com o espelho que temos que lidar. Estamos nos vendo em vídeos mais vezes do que gostaríamos. Para mim, o hábito de dar *high five* no espelho é uma confirmação, um ato físico de autocelebração, o que por si só já me obriga a olhar para meu rosto e meu corpo de um jeito diferente, mais alegre, compreensivo, gentil e positivo. Descobri que não consigo me cumprimentar no espelho e falar coisas negativas."

Você merece ser enaltecido, e não apenas quando atinge o peso ideal, ganha dinheiro, se apaixona ou entra na faculdade. Pesquisas mostram que, quando aprendemos a nos amar e aceitar, lidamos melhor com os altos e baixos da vida e nos tornamos mais resilientes. Já quando nos criticamos o tempo todo, o massacre nos deixa mais vulneráveis, com a sensação de estarmos sendo enterrados vivos quando a vida é mais estressante. Tudo vira uma derrota.

Quando você começa a olhar para si mesmo no espelho e se aceitar do jeito que é, enxergando uma pessoa que merece celebração e apoio, irá aproveitar a motivação e a resiliência.

Você é único

Tudo o que eu estou prestes a ensinar você já sabe. O amor-próprio é um direito de nascença. Quando bebê, você amava tudo a seu respeito. Você engatinharia até o espelho e não se daria apenas um *high five*. Você pressionaria o rosto contra seu reflexo e daria um sorriso, depois gargalharia, e amaria a si mesmo em um beijo úmido e desajeitado. Há muita coisa sobre você que merece ser celebrada. Vamos começar pelo seu jeito único e especial de ser. Sua sequência de DNA, suas impressões digitais, sua voz, os padrões de sua íris – cada uma dessas coisas é única, pessoal e intransferível. A maneira como você encara o mundo, seu jeito de sorrir, seus sentimentos, seu modo de amar, tudo isso se funde em algo mágico. Você sempre será a única versão de você mesmo.

Cada um de seus talentos e de suas habilidades é um fenômeno. E merece ser celebrado.

Você é muito mais forte do que pensa. A resiliência está programada em seus genes. Pense em quando você aprendeu a engatinhar. Você não tentou uma vez e desistiu. Você não se deitou no chão, olhou melancolicamente para o teto e disse: *Acho que essa é a minha vida. Está na hora de jogar a toalha. Nunca vou conseguir engatinhar. Vou ficar aqui mesmo, no tapete.* Não, você insistiu e tentou novamente. E como você não sabia falar, não podia contar a si mesmo alguma história triste sobre como não podia fazer aquilo, que não era bom, inteligente ou forte o suficiente. Você continuou tentando até conseguir se locomover.

Você também é naturalmente inteligente. Por meio da observação das pessoas ao redor, você descobriu como conversar amorosamente, sorrir, engatinhar, se arrastar e depois andar. Não importava que você caísse dezessete vezes por hora enquanto aprendia a andar. Você simplesmente continuou tentando. Essa tenacidade ainda está em você.

E a celebração também faz parte do DNA. Quando criança, toda vez que tinha sucesso em algo emocionante e novo, você sorria, gritava e levantava os braços. Se houvesse música, você dançaria, balançaria o corpo e daria pulinhos. Você foi programado para se sentir amado, para ser resiliente e alegre, para comemorar. É por isso que é tão bom trocar *high five* com uma pessoa estranha. O gesto atinge a sua essência. Seu eu mais profundo. E o relembra de algo que você esqueceu: quem você realmente é e como deveria se sentir.

O que aconteceu com meu lado feliz?

A resposta a essa questão é bastante simples, porque se trata da vida como ela é. Desde a infância, sua vida foi uma agitação só. Todos os altos e baixos se misturaram como as roupas girando na máquina de lavar. Você nasceu perfeito, íntegro e completo, e em algum momento ao longo do caminho, enquanto crescia, foi para a escola e tentou fazer amigos e se encaixar, mas recebeu uma mensagem: *Tem algo errado com você.*

A sensação de que há algo errado acontece com todo mundo. Os psicólogos chamam isso de "pausa no pertencimento". Você começa a achar que não faz parte de sua família, sua igreja, seu grupo de amigos, sua vizinhança ou o mundo de maneira geral. Depois, esse sentimento provoca uma segunda ruptura no pertencimento consigo mesmo.

Talvez você tenha se mudado de casa muitas vezes e trocado de escola enquanto crescia, então sempre pareceu um estranho na posição de observador. Talvez tenha sido agredido ou se sentido inseguro. Talvez tenha sido chamado de burro porque era disléxico e foi colocado em turmas especiais. Ou era a única pessoa transgênero, o único muçulmano, o único refugiado ou o único negro de sua turma.

Talvez você tenha sido alvo de gozações por causa de sua aparência, jeito de falar ou de agir. Ou se sentiu desconfortável ao trocar de roupa no vestiário para a aula de ginástica porque sua mãe chamava sua atenção por estar acima do peso. Quando seu círculo familiar, os amigos na escola ou o próprio mundo faz você se sentir estranho, inseguro ou não merecedor de amor na infância, você acredita. Isso acontece com todos nós. Ninguém chega à idade adulta sem passar por esse tipo de trauma.

Talvez seu pai tenha abandonado a família. Ou sua mãe tivesse uma depressão forte. Ou um irmão tenha se suicidado.

Talvez você tenha se preocupado se conseguiria fazer a próxima refeição. Talvez tenha sido alvo de racismo e preconceito todos os dias no seu bairro. Ou sua família o tenha rejeitado porque você era gay. Ou seu pai ou sua mãe tenham lutado contra um vício ou envergonhado você por simplesmente ignorarem o problema. Essas experiências podem tê-lo afetado. Você as absorveu em sua mente, seu corpo, seu espírito. Afinal, ir embora não era possível, pois você era apenas uma criança. Sua única opção era tentar sobreviver.

A culpa é sempre minha?

Quando algo acontece na infância, você não tem a experiência de vida ou o sistema de apoio para processar o que está acontecendo. Você absorve tudo em seu sistema nervoso, em seus padrões de enfrentamento e pensamentos. Sua única opção é fazer o melhor que puder para passar por isso. Numa situação de violência, trauma e estresse, nenhuma criança pensa: *Esses adultos ao meu redor são muito confusos.* Ou: *Isso é ilegal, vou denunciar você.* Ou ainda: *Se esse garoto está me machucando, aposto que tem alguém o machucando.* Toda criança se fecha e pensa que a culpa é dela.

Foi o que aconteceu quando fui molestada aos 9 anos por um garoto mais velho. Achei que a culpa era minha. Foi o que meu filho fez quando foi implacavelmente intimidado numa colônia de férias. Ele escondeu seu sofrimento e se culpou (e eu ainda me culpo por não ter percebido os sinais e tirá-lo de lá).

Tenho certeza de que você também reagiu dessa forma em suas experiências: você as transformou em algo terrível a seu respeito. Não importa se o problema é uma mãe supercrítica, o divórcio dos pais, as agressões racistas diárias ou a violência física, você assume que o problema é com você. Esta é uma falha imensa no projeto do ser humano. Em vez de culpar as pessoas que machucam, você culpa a si mesmo e pensa: *Deve haver algo errado comigo*.

Por mais que eu odeie admitir, como mães muitas vezes enviamos essa mensagem involuntariamente aos nossos filhos.

Um novo garoto de cabelo azul

Estou a ponto de lhe contar uma história que odeio porque ela faz com que eu me sinta uma péssima mãe. Mas vou contá-la por que demonstra quanto esta mensagem, de que *há algo errado com seu jeito de ser, com sua aparência e com a forma como você se expressa*, é disseminada e consistente.

Quando meu filho Oakley estava no sexto ano, ele pintou as pontas dos cabelos de azul porque era fã do gamer Ninja. Era muito legal o visual, ele adorava aquela cor de cabelo. Então ele trocou de escola no sétimo ano. Conforme o primeiro dia de aula se aproximava, comecei a me preocupar com o possível bullying por ele chegar com o cabelo azul. Já é bem difícil ser o garoto novo da turma. Experimente ser o garoto novo de cabelo azul. (*Experimente ser o garoto novo de cabelo azul e ter uma mãe neurótica e desesperada para que o filho seja aceito.*)

Passei semanas perguntando se ele não queria cortar o cabelo antes de as aulas começarem, e talvez... aparar as pontas azuis? Ele não estava tenso por causa disso, mas eu sim. Quando as aulas estavam prestes a começar, suas irmãs mais velhas entraram no jogo: "Sabe, pode não ser a melhor coisa aparecer de cabelo pintado. Você nem é um jogador famoso de lacrosse." Oakley se rendeu e cortou o cabelo. Não fez isso por vontade própria. Fez para aplacar os nossos medos.

Quando você é criança, todo mundo vai dizer o que você deve fazer ou o que gostariam que você fizesse. Você acata para deixar sua mãe feliz, para ser aceito pelos colegas ou porque não tem escolha. Você incorpora a mensagem de que amor e aceitação são passíveis de troca. *Se você fizer o que eu digo, irei amá-lo.*

Se pensar bem, é exatamente por isso que você nega amor para si mesmo. Foi uma lição aprendida na infância.

Acreditamos em uma mentira

Ao rever essa história do meu filho, percebo que a mensagem que eu estava enviando era *Tem alguma coisa errada com sua aparência.* Eu também disse *Só vou aceitar a versão de você que me agrada,* embora pensasse justamente o oposto. Eu adorava o cabelo azul, mas não confiava que os outros alunos o aceitariam assim. Eu estava tentando dar a ele a melhor oportunidade para um recomeço tranquilo, mas, em vez disso, o obriguei a questionar as próprias escolhas e também se eu o amava e aceitava exatamente como ele é.

Minha mensagem para ele era *Prefiro que você seja aceito a ser quem você é.* Também me senti péssima porque sei que isso é fundamental para a grande mentira em que acreditamos: o que as outras pessoas pensam de você é mais importante do que o que você pensa de si mesmo. Acreditamos nessa mentira a vida inteira porque as pessoas que amamos nos ensinaram a confiar nessa balela. Filhos, se vocês estiverem lendo isso, saibam que eu sinto muito.

Odeio essa história, mas foi isso que aconteceu com você, comigo, com todo mundo que conheço. Você começa a questionar sua aparência, tudo o que faz e, por fim, quem você é.

É assim que a conexão com o seu verdadeiro eu se rompe. É por essa razão que é preciso ficar em frente ao espelho e se valorizar. Isso vale para minha filha ou para qualquer um que tenha problemas com a própria aparência. Precisamos começar a nos valorizar. Parar de nos criticar e jogar fora aquela calça jeans que não cabe mais. Quando você se censura e se maltrata, está agindo da mesma forma que eu agi com meu filho: seu amor por você é negociado. Você nega o amor a si mesmo até que consiga uma autoaprovação. É uma maneira terrível de viver.

Não odeie, aprecie

Você não tem que mudar o seu jeito de ser para merecer amor e aceitação. Precisa apenas começar a dar a si mesmo essa validação.

Na próxima vez que estiver na frente do espelho, pare de cutucar, apertar e analisar. Isso só faz você se sentir derrotado, rejeitado e desestimulado. E confirma o que você pensa e como se sente o dia inteiro. Em vez disso, comece o dia olhando para as qualidades que aprecia em si mesmo. Os pequenos detalhes que você ignora, sua força, sua intuição. Como seu corpo tem cuidado de você. Ou como aquelas estrias a fazem relembrar as gestações pelas quais passou.

Não há nada de errado com o espelho.

Viu? Não há nada de errado com você. Você pode até não estar satisfeita com o saldo em sua conta bancária, com o tamanho de seu manequim. Deus sabe que não foi fácil chegar até aqui, mas aí está você. Ainda em pé. Resiliente, inteligente e forte. Ainda acordando todos os dias e se esforçando para aprender, aperfeiçoar-se, melhorar. Honestamente, isso torna você uma pessoa incrível.

Adoro o depoimento que Jordan deu depois de começar a dar *high five* a si mesma todas as manhãs: "Muitas vezes o amor-próprio é visto como uma maneira de consertarmos o que há de errado em nós. É por isso que gosto de me dar *high five* no espelho;

mostra que o amor-próprio tem a ver com se apaixonar pelas partes de nós que tentamos consertar." Há tanta coisa em nós para amar. Permita-se. Depois, levante a mão e confirme esse amor em seu subconsciente com um *high five*.

A hierarquia das necessidades

Para entender a intensidade do poder de aceitar e encorajar a si mesmo, vamos analisar outras pesquisas sobre o que os psicólogos chamam de "necessidades emocionais fundamentais", as coisas que todas as pessoas precisam para prosperar. Caso você não conheça o conceito da psicologia sobre a hierarquia das necessidades de Maslow [fisiológicas, de segurança, sociais, de status, de estima e de autorrealização], veja o contexto: todo mundo tem necessidades que são fundamentais para a realização, a felicidade e a sobrevivência.

Você sabe que precisa de água, alimento, oxigênio, abrigo e sono, caso contrário morre. Sabe que precisa de amizade ou se sentirá sozinho – e as pesquisas mostram que a solidão também pode matá-lo. Outra necessidade fundamental que você talvez conheça é a de crescer como pessoa. Quando isso não acontece, você se sente paralisado.

Mas é possível que você não saiba que tem três necessidades emocionais essenciais: ser visto, ouvido e amado por ser o indivíduo único que você é. Quando essas necessidades emocionais não são atendidas, a sensação não é apenas de negligência, mas de desprezo, invisibilidade e frustração. Acredito que por esse motivo todos nós temos uma autocrítica bem acentuada e temos a tendência de complicar as coisas.

A dissociação de você mesmo

O que está faltando? Uma conexão mais profunda com você mesmo. Você tem estado tão ocupado correndo de um lado para outro que não consegue entender a dimensão da mudança que isso proporcionaria se começasse a se homenagear todas as manhãs. Um *high five* atende às necessidades emocionais mais importantes e profundas, centrais para o bem-estar de cada um.

Como você aprendeu, às vezes essas três necessidades emocionais não foram atendidas na infância, e agora, na idade adulta, você não tem as ferramentas ideais para supri-las. É por isso que você se sente invisível no trabalho, excluído em seu grupo de amigos, desconectado em seus relacionamentos e dissociado de você mesmo. Algo está faltando: uma sensação mais profunda de que você é importante. O desejo de ser visto, ouvido e valorizado é fundamental para você se realizar como ser humano.

Não discuta: eu fiz as contas

Sua existência é tão milagrosa que você deveria se sentir visto e cumprimentado. Para começar, suas chances de nascer são de uma em um milhão porque sua mãe produz bem mais de um milhão de óvulos. Incrível, mas nem perto do fenômeno matemático que você é. Com base em uma pesquisa, cientistas detectaram que o óvulo que formou você foi seletivo e determinou com qual dos 250 milhões (é uma média!) de espermatozoides de seu pai quis se conectar. Se aquele óvulo que gerou você escolhesse qualquer outro espermatozoide, seu irmão estaria segurando este livro agora, porque você nunca teria nascido.

Segundo os especialistas, a probabilidade de você ser o resultado desse encontro de um espermatozoide com um óvulo é de uma em 400 trilhões. E mesmo essa hipótese não é exata. Um cientista de Harvard escreveu um trabalho sobre as chances de você nascer, e o resultado é tão absurdo que parece ser uma em um número que nem sei dizer. É a prova de que sua existência é nada menos que um milagre.

Alguém tão singular e especial como você merece ser visto, ouvido e aclamado. Sentir que você é importante, que alguém se preocupa com você, que você é celebrado são as necessidades emocionais mais essenciais. Elas são tão importantes para o seu bem-estar e para a sua felicidade quanto comida e água. A diferença entre um dia bom e um dia ruim pode, às vezes, se resumir a ser reconhecido ou não por alguém. E sabe quem é a melhor pessoa para validar isso? Você mesmo. O que remete àquele momento matinal, quando você fica cara a cara no espelho.

Dar um *high five* para si mesmo é muito mais do que um ato físico. É o alicerce de tudo. É uma transferência de energia. Simboliza uma aliança e uma convicção inabalável em si mesmo e em suas habilidades. Você não está se cumprimentando, mas celebrando a si mesmo pelo que é. Sua existência o torna merecedor de um *high five*. Sua presença, suas esperanças e seus sonhos, sua capacidade de amar e curar, mudar e crescer, sua bondade, sua alma, são essas coisas que merecem ser celebradas.

Quando você bate em sua própria mão no espelho, está satisfazendo essas necessidades emocionais fundamentais. É como se estivesse dizendo a si mesmo *Vai ficar tudo bem* ou *Você consegue fazer isso* ou apenas *Amo você*. Todas as coisas que você gostaria que seus pais, amigos, esposa(o) ou chefe lhe dissessem, você diz nessa ação que comunica:

Confiança – Acredito em você.
Celebração – Você é incrível.
Validação – Eu vejo você.

Otimismo – Você é capaz de fazer isso.
Ação – Você consegue, vá em frente.

Não seria incrível experimentar todos esses sentimentos ao mesmo tempo? Seria surpreendente lidar com tantas possibilidades. Você poderia até explodir o seu subconsciente porque ele não está programado para absorver todo aquele amor meloso, delicioso, de sua parte. Mas ele ainda vai fazer isso... especialmente agora que você sabe que o amor-próprio e a autoaceitação são as forças motivadoras mais poderosas do mundo.

Como pensar diferente?

O primeiro passo é identificar o pensamento ultrapassado que o deixa deprimido.

Se você não sabe qual é, eis uma dica: é uma variação de *Não sou* _____ *o suficiente.*

Você pode preencher essa lacuna com o que quiser. Vá em frente, escolha o seu veneno: não sou inteligente o suficiente, bom o suficiente, alto o suficiente, magro o suficiente, rico o suficiente, bem-sucedido o suficiente, talentoso o suficiente, ágil o suficiente. Vale qualquer coisa com a qual você não se sinta satisfeito. Chamo isso de veneno porque pensar dessa forma é como o hábito de beber: destrói o espírito e o desejo inato de ser visto, ouvido e celebrado.

Esse tipo de pensamento é o oposto da validação, da confiança, da celebração, do otimismo e da realização que o *high five* simboliza. E coloca você para baixo. Ainda paralisa sua capacidade de seguir em frente. Quando você tem esse tipo de pensamento, não sente vontade de dar *high five* a ninguém e a nada. Especialmente a si mesmo.

Por que você faria isso? Vamos mudar esse modo de pensar.

CAPÍTULO 5

Será que estou estragando tudo?

Outro dia, durante o jantar em família, uma das minhas filhas contou o atrito que estava tendo com uma de suas colegas de quarto.

"Tenho sempre a sensação de que sou a errada da história. Não importa o que eu fale ou a maneira como falo, toda vez que comento o que está me incomodando ou estabeleço um limite sinto que estou errada. Isso aconteceu tantas vezes que sempre digo a mim mesma: *Sou egoísta, sou uma pessoa má.* Foi assim o ano todo. Não sei como parar de me sentir desse jeito."

Meu marido, Chris, tentou consolá-la: "Você não é uma pessoa má. Talvez tenha feito coisas erradas, mas não é uma pessoa má. Todo mundo erra. É assim que aprendemos. Só me prometa que vai parar de dizer que é uma pessoa má." Então, contou sua própria experiência: "Depois que a área de restaurantes entrou em crise, eu me senti um fracassado. Meu sócio parecia encarar a falência como um dos riscos que se corre ao abrir um restaurante. Eu não conseguia pensar desse modo. Para mim, *eu era um fracassado.* Para onde olhasse, era isso que via. Não era bom o bastante para os meus filhos, falhei em ser um bom marido para a sua mãe. Não ganhei dinheiro suficiente. Não fiz nada certo. Quando a gente repete essas palavras, acaba acreditando nelas. A vergonha é como um par de óculos escuros que tira a cor de tudo que você vê."

Ela respondeu que tinha uma história parecida com a do pai: "Como estudo música, sempre que entro na sala de aula ou no estúdio percebo como as outras pessoas são mais talentosas e fantásticas. Penso em quanto as carreiras musicais delas estão mais adiantadas que a minha, se já assinaram com alguma gravadora, se lançaram alguma música ou se estão se apresentando em clubes e bares. Depois, me comparo com essas pessoas e me acho um fracasso."

Minha outra filha entrou na conversa: "Somos mesmo da mesma família porque sempre acho que sou a mais alta entre as minhas amigas e mamãe acha que tudo é culpa dela." Então ela se virou para o irmão e perguntou: "Oakley, quais são os seus pensamentos negativos?"

Ele não perdeu a deixa: "Não vou me envolver nessa conversa. Vocês são deprimentes." Todo mundo riu. Então, uma das minhas filhas se virou para Chris: "Agora falando sério, pai, como é possível tirar esses óculos escuros? Ainda mais quando estou me *sentindo* uma pessoa má? Posso comprovar isso."

A trilha sonora da minha vida (confesso estar cansada dela)

Essa conversa fez meus filhos entenderem por que a música-tema dos meus primeiros 40 anos de vida foi "Estraguei tudo".

Para mim, a sensação era mais ou menos essa: *Eu poderia muito bem jogar os últimos 40 anos no vaso sanitário e dar a descarga, porque desperdicei meu tempo no colégio, na faculdade de direito e na primeira parte do meu casamento, além de ser uma péssima mãe. Se ao menos eu tivesse sido mais bem-sucedida e tivesse uma casa onde todas as crianças se encontrassem, se tivesse dinheiro para virar sócia do clube, se estivesse presente em cada festa de aniversário e em cada jogo de lacrosse, se tivesse comprado ações da Amazon há dez anos (Calma aí, tem mais!), se morasse numa rua diferente, se tivesse outros amigos, se tivesse feito escolhas diferentes.*

Se ao menos eu tivesse acertado... Mas agora é tarde demais. É tudo culpa minha."

Recuperando a autoestima e o autorrespeito

Você deve ter uma versão dessa música. Cometeu milhões de erros em sua carreira, em seus relacionamentos ou com sua saúde, e agora é tarde demais. Estragou a sua vida, portanto pode muito bem desaparecer ao puxar a descarga do vaso sanitário, certo? Deixe-me contar uma coisa: essa pessoa era eu.

Ao escrever essa frase, parece difícil acreditar o quão longe cheguei. Logo você vai conhecer uma parte da minha história de terror, mas há poucos anos minha vida era um trem descarrilado. Minha confiança estava no chão porque eu estava enfrentando uma falência, um casamento fracassado, uma ansiedade esmagadora e o desemprego. Lidei com esses problemas do jeito que muitos adultos altamente funcionais lidam: me entorpecendo com álcool, gritando com meu marido, me esforçando ao máximo para ignorar os problemas.

Quem me dera estar brincando. Sinceramente, é por isso que tenho tanta convicção sobre as ferramentas e as pesquisas que compartilho. Tudo foi testado por mim. É assim que sei que elas funcionam.

Depois de 10 anos de trabalho duro, reescrevi a história e, ao fazer isso, mudei a minha vida. Agora, sou empreendedora, escritora de sucesso e palestrante disputada internacionalmente. Se você acessar o meu canal no YouTube, verá quem eu me tornei – uma pessoa confiante que corre atrás do que quer para ter sucesso nos negócios. Uma pessoa que mantém um casamento de 25 anos lindamente imperfeito e três filhos. Estou onde devia estar: eu me amo, sinto-me confortável em minha própria pele, me esforço bastante todos os dias para manter uma relação estável comigo mesma.

Ainda não moro na rua ideal, não sou sócia do clube, não posso refazer os anos do colégio e da faculdade de direito, mas consegui parar de pensar obsessivamente sobre o meu passado e de me criticar constantemente por causa dele. Não existe fórmula mágica para a transformação. Você tem que construí-la aos poucos, todos os dias. Não se compra autoestima ou amor-próprio. É preciso cultivá-los. Um título de sócio ou uma casa diferente não muda o que está dentro de você. Isso exige esforço. Você tem que enfrentar esse seu lado que não suporta, tem que se perdoar pelo sofrimento que causou (principalmente a você mesmo) e se esforçar para melhorar como pessoa. Essa é a única maneira de ter autorrespeito e desenvolver a autoestima que deseja.

Você pode mudar

Existem segundas chances na vida. Você recebe uma toda vez que acorda, que se olha no espelho e decide quem vai ser. É possível escolher. É possível mudar. Só não é possível voltar no tempo, mas você pode se ajudar usando o tempo disponível para assumir o controle, mudar seu comportamento e criar um capítulo que o deixe orgulhoso.

A parte mais difícil é tirar o foco do passado que você odeia e colocá-lo no futuro que deseja. Lembre-se: o para-brisas do carro é bem maior do que o espelho retrovisor por uma boa razão. A ideia é não recuar, mas avançar, e isso significa que é preciso olhar para a frente.

Sim, todo mundo comete erros. Eu também. As piores coisas que você fez, presenciou ou sobreviveu são nossas professoras mais eficientes. Pare de se tratar mal pelo que aconteceu e analise a situação. Trate de entendê-la. Aprenda as lições que cada erro cometido e cada sofrimento vivido proporcionaram.

Vamos começar dando uma olhada na imagem desagradável e quase irreconhecível da minha vida anterior a esta de que desfruto agora. Vou apresentar dois momentos constrangedores e, infelizmente, 100% verdadeiros.

Os anos mais terríveis, horríveis, péssimos, muito ruins

A faculdade de direito foi um dos piores períodos da minha vida, quando a ansiedade, crescente desde a infância, explodiu numa fase de descontrole e autodestruição. Foram três anos consecutivos acordando em pânico porque percebi, logo nos primeiros meses de curso, que não queria ser advogada. Como não tinha ideia do que queria fazer, fiquei sem saber que rumo tomar.

Estava constantemente no limite, estressada, atrasada nos estudos. Meus pensamentos, ações e hábitos perpetuavam esses sentimentos. Além disso, estava rodeada de pessoas animadas que sonhavam em cursar a faculdade de direito, o que só aumentava a sensação de que eu não pertencia àquele lugar. Eu me sentia muito solitária. Detestava todas as leituras e todos os textos que são exigidos de um advogado. Ainda não sabia que tinha dislexia e TDAH (transtorno do déficit de atenção com hiperatividade). Vivia um processo de autodestruição.

Fazia parte da minha rotina acordar de ressaca. Olhar para o teto e pensar: *Droga, estou atrasada. Por que eu insisto nessa faculdade?* Acender um cigarro enquanto corria pelo apartamento. Dirigir até o Dunkin' Donuts e pedir um café grande com creme e três cubos de açúcar. Dirigir até a faculdade. Assistir à aula e entrar em pânico com a possibilidade de o professor me perguntar alguma coisa. Escolher uma salada para o almoço. Ir para a biblioteca sozinha e tentar estudar. Procrastinar por horas conversando com um amigo. Dirigir de volta para casa. Compartilhar uma garrafa de vinho com a colega de quarto e adormecer. Acordar de ressaca.

Era a rotina perfeita para uma vida decepcionante, certo? E não parei por aí. Segui em frente.

Repeti esse padrão todos os dias durante três anos, e ao falar disso agora posso tentar achar graça no que aconteceu, mas, sinceramente, essa história me deixa enjoada. Foi uma época de muita ansiedade e tensão. Lembro-me muito pouco das coisas. Se olharmos para os meus padrões de pensamento e comportamento, as escolhas que fazia me mantinham presa a um ciclo de incompletude e sofrimento. Os pensamentos negativos (variações da canção "Estraguei tudo") vinham como uma avalanche que me impedia de focar em qualquer outra coisa a não ser sobreviver. Quanto mais eu repetia esse ciclo, mais tensa ficava. Os pensamentos negativos fritam o sistema nervoso. *Os pensamentos e sentimentos negativos provocam um estado autodestrutivo de que você não sabe como escapar.*

Quando você está em modo sobrevivência, em geral as coisas pioram até atingir o fundo do poço. E elas pioraram.

Meti os pés pelas mãos

No primeiro verão do curso de direito, fiz estágio no escritório do procurador-geral de Grand Rapids, no Michigan. O procurador pediu que eu fizesse um projeto de pesquisa sobre os índices de reincidência criminal em Michigan. Era uma oportunidade incrível. Eu teria aprendido muito sobre um assunto que me interessava e teria uma base fantástica para o meu futuro – afinal, eu estava trabalhando diretamente para o procurador-geral do estado! Mas fiquei tão aflita com a importância do projeto que sequer o comecei. Não abri um único livro. Nenhum.

Lá vamos nós de novo.

Minha ansiedade era tão crônica que não me lembro das idas e vindas de carro para o trabalho naquele verão (era uma viagem de 160 quilômetros ida e volta). Quando fico insegura, me sinto tão desconfortável nas interações sociais que muitas vezes saio completamente do meu corpo. É como se flutuasse mentalmente quando estou muito nervosa. Os psicólogos chamam isso de *dissociação*, e virei uma especialista no assunto e em me distanciar mentalmente de pessoas, lugares, sentimentos e emoções que parecem assustadores ou arriscados de alguma forma. Portanto, tenho poucas memórias da primeira parte da minha vida porque não estava mentalmente presente para que essas memórias perdurassem.

Mas de uma coisa eu me lembro: o procurador-geral me chamou em seu escritório perto do fim do verão. Meu rosto estava vermelho, gotas de suor escorriam por baixo do blazer. Dei milhões de desculpas sobre o porquê de o projeto estar atrasado. Saí e nunca mais voltei. Nem pedi demissão, apenas desapareci. Acho que eu já acabava relacionamentos sem dar explicações antes de isso virar moda. Minha atitude foi tão constrangedora que nunca tive coragem de contar essa história.

No ano seguinte, arranjei um emprego de verão incrível num escritório de advocacia no Novo México, mas, uma semana antes de eu começar a trabalhar, tive uma crise de pânico só de pensar em pegar um avião para cruzar o país e passar o verão sozinha. Liguei para o escritório e menti, dizendo que tinha havido uma emergência familiar e que eu não podia ir.

Esse comportamento lembra a Mel Robbins de hoje? Meus pensamentos negativos (*Não consigo fazer isso*) desencadeiam sentimentos negativos (*ansiedade*) e ações negativas (*fugir*), gerando uma espiral autodestrutiva. Uma vez que o processo é iniciado, é preciso aplicar algum tipo de força para interrompê-lo. Vou enfatizar os pensamentos negativos – *Não consigo fazer isso, Eu me odeio, Sou um caos permanente* – porque você está acostumado a ouvi-los e pode não perceber a presença deles. Pode também não se dar conta de como esses pensamentos, quando repetidos, ganham vida própria.

É claro que eu queria ser forte e bem-sucedida. Mas minha mente estava tão obcecada com a narrativa que eu mesma havia criado (*Eu estrago tudo*) que não enxerguei como oportunidade o projeto com o procurador-geral ou o emprego de verão no Novo México. Assim que algo parecia ser importante, eu tratava de abater ou fugir, porque é isso que as pessoas fazem quando acreditam que estragam tudo. Mesmo que signifique deixar seus sonhos pelo caminho.

Naturalmente, abandonar essas duas oportunidades maravilhosas só piorou a forma como eu me via. A espiral autodestrutiva e os pensamentos negativos se intensificaram, assim como a vergonha, que levou meu estado de espírito junto com ela para o fundo do poço.

Isso é tão fundamental que vou repetir: quando os pensamentos negativos se ampliam, você fica preso num ciclo ininterrupto de pensamentos catastróficos. Foi isso que fiz na faculdade de direito: acumulei pensamentos negativos até me sentir sufocada. Cheguei ao nível mais baixo. Era como se um martelo gigantesco tivesse esmagado a minha vida, deixando-a em pedaços. Mas era eu que empunhava o martelo. E, apesar de tentar resolver as coisas, eu sempre fracassava.

Eu não conhecia nenhuma das ferramentas que você está prestes a aprender a usar. Não entendia a ligação entre meu trauma de infância e meu comportamento autodestrutivo. Tampouco tinha ideia de como parar de me culpar. Não sabia como sair do círculo vicioso de que as coisas ruins que eu fazia eram a prova de que eu era uma má pessoa. Tinha muita vergonha de mim mesma. Então, eu agia como a maioria das pessoas que sofrem ou estão em crise: tentava me anestesiar. Existem milhares de maneiras de ignorar o sofrimento: álcool, drogas, compras compulsivas, alimentação emocional.

Ciclo de vergonhas

Fiz todas essas coisas como meio de me entorpecer, além de trair meu namorado da faculdade com meu ex-namorado porque, segundo os psicólogos, sexo escondido é uma distração que desestressa e tem forte encanto. Mas é um barril de pólvora com poder para destruir a sua vida. Foi o que aconteceu comigo porque, no fim das contas, os dois descobriram. *Outro fracasso colossal, Mel.* Tenho consciência de quanto aquele ato "desestressante" estava arruinando a minha vida e de como acabei estragando tudo quando os dois descobriram... ou seja, sabotei a minha própria traição. Será alguma disfunção em nível máximo? Não me orgulho do que fiz enquanto tentava sobreviver um dia de cada vez. Estou contando esta história para mostrar que, se você estiver preso em um ciclo de vergonhas ou comportamentos autodestrutivos, há uma saída. Se eu consegui mudar, você também consegue.

No divã

Por sorte, meu fracasso retumbante me levou ao lugar em que a jornada de crescimento pessoal começou: o divã da terapeuta.

Foi lá que comecei a entender o que estava fazendo comigo mesma. Não intencionalmente, é claro, mas os traumas de infância e os padrões de pensamento, crenças e comportamentos que eu tinha viraram padrão em meu subconsciente e me levavam a esses caminhos loucos de autossabotagem.

Com a orientação de minha terapeuta, consegui enfrentar o que havia acontecido comigo e todas as coisas horríveis que fiz para tentar sobreviver. Ela também me ajudou a ver que eu precisava assumir a responsabilidade por todos os erros que aconteceriam daquele momento em diante. Fui sincera sobre as coisas que tinha feito ao longo desse *caminho* que parecia tão distante de mim, distante de quem eu realmente era. Ainda assim, eu me odiava por ter errado tanto (outra falha para acrescentar à lista, Mel). *Como deixei as coisas chegarem a este ponto?* Como minha filha, eu acreditava ser "uma pessoa má", e minha vida parecia provar isso. Continuei falando mal de mim mesma, embora soubesse que esses pensamentos negativos me depримiam. Mas eu não sabia como acabar com a surra implacável que acontecia na minha cabeça.

Isso aconteceu duas décadas antes de surgirem os podcasts, os cursos on-line ou uma variedade de livros de autoajuda. É por isso que sou tão apaixonada por este tópico e não hesito em compartilhar as minhas batalhas, porque muitas vezes me senti sozinha e perdida.

Os três passos para recomeçar

Veja aqui a percepção que desenvolvi e gostaria de compartilhar: *Quando você acha que fez alguma coisa errada, começa a se odiar. Quando você se odeia, inevitavelmente faz coisas que odeia.* É fato. Os pensamentos geram uma espiral descendente.

Aprendi também que o oposto é verdadeiro. Quando você se ama, inevitavelmente faz coisas que ama. Quando trata a si mesmo com respeito, faz coisas respeitáveis. E quando celebra a si mesmo, faz coisas que merecem ser celebradas. Tudo pode mudar. É o seu subconsciente e a sua programação anterior *versus* você.

Interromper os sentimentos de autodepreciação que o deixam tão deprimido – vergonha, arrependimento, fracasso, autoestima zero – força você a ver a verdade. Você não está destruído, está apenas bloqueado. Pode ter feito algumas coisas bem ruins, mas *não* é uma pessoa má. Só não sabia como agir de maneira diferente porque não entendia o papel fundamental dos pensamentos negativos constantes, dos traumas do passado, da educação em sua vida. O primeiro passo é *perdoar-se* por todas as coisas que fez enquanto estava tentando sobreviver. O passo seguinte é *silenciar*, depois *expulsar* o valentão que mora em sua cabeça.

CAPÍTULO 6

De onde vem toda essa negatividade?

Todo mundo tem um mantra ou uma crença negativa para chamar de sua: *Eu estrago tudo. Sou uma pessoa má. Sou feio. Sou um fracasso. Blá-blá-blá.*

Talvez você tenha cometido erros e colocado tudo a perder em grande estilo. Talvez não ganhe um concurso de beleza. Talvez seja o mais baixo da turma de amigos. Tudo isso pode ser verdade. Porém, *pensar nessas coisas ajuda? Não está na hora de se sentir melhor dentro de sua própria pele?*

Meu marido tem razão. Você precisa ter cuidado para não deixar o histórico de negatividades ficar se repetindo sem parar em sua cabeça. A questão é: como remover esses pensamentos? Especialmente se você se olha no espelho e tem arrependimentos, dúvidas e decepções. Acredite ou não, os passos são tão simples quanto colocar a roupa suja na máquina de lavar.

Os resíduos da mente

Não sei dizer quantas vezes abri a máquina de lavar para enchê-la de roupas e encontrei o filtro novamente obstruído por fiapos. *Será que sou a única pessoa da casa que sabe usar o dedo polegar e o indicador para retirar os fiapos do filtro?* Tem sempre uma camada espessa de resíduos que tampa completamente o filtro. Um dia, eu estava naquele momento limpeza e tive uma epifania. Da mesma forma que o filtro da máquina, você e eu temos dentro de nós todo tipo de porcaria que se acumulou ao longo do tempo.

Aqueles pensamentos negativos inevitáveis são uma espécie de resíduos difusos da vida. A questão é que os resíduos se acumulam desde a infância, na forma de opiniões de outras pessoas, conversas internas negativas, rejeições, decepções, coração partido, discriminações, traumas, culpas e dúvidas sobre si mesmo. Essas experiências criam fiapos mentais que embotam a mente e nos impedem de celebrar a nós mesmos.

Há muito mais nisso do que uma metáfora fofa. Há um filtro em seu cérebro. Ele se chama Sistema Ativador Reticular, ou SAR. Eu o chamo de "filtro" porque as experiências negativas tendem a ficar presas no SAR, mas tecnicamente é uma rede viva de neurônios que formam uma espécie de rede reticular envolvendo o cérebro. Quando o SAR está congestionado com pensamentos, convicções e experiências do seu passado, você fica preso no passado. É por isso que você repete os mesmos erros, tem os mesmos pensamentos negativos e vive na câmara de eco da sua mente.

O *high five* e todas as ferramentas deste livro são como usar o dedo polegar e o indicador para retirar os fiapos do filtro e limpar toda a porcaria acumulada. É por isso que sugiro a prática diária. Não se pode lavar roupa sem criar resíduos nem viver um dia sem sentir ou pensar algo que faz com que a gente se sinta um lixo. O segredo é não deixar a negatividade se acumular. Precisamos aprender a limpar esses resíduos de nosso organismo todos os dias para impedir que se acumulem.

Diga oi para seu melhor amigo, o SAR

Alguns especialistas chamam o SAR de *"porteiro da mente" ou "guardião"*. O SAR tem uma função muito importante: decide (seleciona) quais informações entram em sua consciência e quais ficam de fora. Todos os dias, o SAR precisa fiscalizar 34 gigabytes de dados (o equivalente a três anos de dados telefônicos em 24 horas). Quero que você compreenda o fantástico trabalho que o SAR faz e por que ele precisa de sua ajuda para poder ajudá-lo. Falando honestamente, ele precisa de mais do que ajuda, precisa de um abraço porque trabalha sem parar selecionando o que importa no meio de todas as suas velhas bobagens.

O SAR impede que 99% do que está ao seu redor alcance a sua consciência porque, se não o fizesse, sua cabeça explodiria com a sobrecarga de informações. Existem apenas quatro coisas que sempre passam pelo SAR e penetram na consciência:

- O som do seu nome sendo chamado.
- Qualquer coisa que ameace sua segurança ou a segurança de seus entes queridos.
- Sinais de que seu parceiro está interessado em fazer sexo.
- Tudo o que o SAR achar que é importante para você (e isso significa todo pensamento que se repete ou todo assunto que entre em foco).

Este último item é o chamado "pulo do gato", porque se você souber o que importa de verdade, pode treinar o SAR a filtrar o mundo diariamente e encontrar o que considera imprescindível. Deixe que esse poder seja assimilado por um momento. Ensine sua mente a encontrar as coisas que quer ver, coisas que o deixam mais feliz e orgulhoso, coisas que o aproximam de seus sonhos. Neste momento, o SAR acha que você deseja ver o mesmo mundo que via no ensino médio, porque desde então você não mudou de opinião sobre si mesmo.

5-4-3-2-1: pule da cama, pare de olhar o teto

Quando você aprende a usar o SAR, ele vira um holofote varrendo o caminho à sua frente e iluminando com o seu facho de luz todas as oportunidades, sincronicidades e surpresas que estão à sua espera logo ali, depois da esquina. Quando você diz ao SAR o que deve ver, ele funciona, mas aqui reside um problema: se os seus pensamentos negativos – *Sou um fracassado, Sou uma pessoa má, Não sou bom o suficiente, Nada funciona para mim, então por que tentar?* – são a trilha sonora de sua vida, o SAR buscará cada bloqueio, obstáculo e imprevisto para provar seu enredo.

Veja o caso de meu marido, Chris, que acreditou *ser um fracassado* e durante anos só conseguia ver "nuvens negras" sobre sua cabeça quando se olhava no espelho. Todas as "evidências" confirmavam essa ideia. Ele pulou de emprego em emprego no começo da carreira, depois abriu uma pizzaria e um negócio atacadista. Os amigos e familiares participaram do investimento, ele e seu melhor amigo se dedicaram de corpo e alma, mas, sete anos depois, tiveram que fechar as portas.

Os últimos anos do negócio, quando as coisas já não estavam dando certo, foram uma terrível montanha-russa de emoções. Nossa casa foi penhorada, a dívida era gigantesca, o medo, inevitável, a não ser que estivéssemos bêbados demais para pensar no assunto – algo que fazíamos com frequência. Quando Chris fechou a empresa, estava destruído. Uma sombra do que era. Eu virei a provedora porque não tínhamos outra opção (algo que me deixou irritada na época) e, com a graça de Deus (e muito trabalho), percebo agora que isso era exatamente o que eu estava destinada a fazer. Mas não gostaria de reviver aqueles anos. A ansiedade era tão esmagadora que muitas vezes mal conseguia sair da cama.

Eu não queria ser responsável por minha própria vida, por minha cura, por meu futuro. Fiquei muito zangada quando percebi que Chris não viria me salvar. Por mais que odiasse, eu sabia a verdade: para mudar aquela situação devastadora, primeiro eu precisava mudar. *Você tem que lutar,* eu dizia a mim mesma. *Você tem que encontrar um motivo para sair da cama. Mesmo que esse motivo seja apenas não desperdiçar uma hora no domínio do medo. Você precisa se agarrar a um objetivo e se forçar a ir em frente, ainda que esse objetivo seja apenas acordar e não se sentir péssima hoje.*

A decisão que mudou a minha vida naquele momento foi basicamente levantar da cama. Decidi enfrentar o medo em vez de ficar lá, deitada, imobilizada pelo medo. Quando você está emocionalmente péssima, precisa encontrar coragem para dizer *Não vou fazer isso comigo mesma, vou mudar.* Foi quando criei a regra dos 5 segundos. Da mesma forma que a Nasa usa a contagem regressiva para lançar um foguete, contei 5-4-3-2-1 para entrar em ação antes que meus pensamentos negativos me deixassem paralisada. Estou falando sério. O despertador toca. Sem essa de ficar olhando o teto. Sem ataques de pânico. Sem botão de soneca. Sem essa de revirar na cama e esconder a cabeça debaixo do travesseiro para fingir que ainda não amanheceu. 5-4-3-2-1: dê um beliscão em si mesmo para ficar em pé.

Usei a regra dos cinco segundos para me levantar da cama. Para deixar de ter raiva do Chris pela nossa situação e começar a direcionar minha energia e disposição para resolver o que estava ao meu alcance. Para parar de beber tanto. Para procurar emprego até conseguir uma vaga de meio expediente numa agência de marketing digital e para fazer um teste numa estação de rádio e começar a apresentar um programa de aconselhamento nas manhãs de sábado. Usei a regra para entrar em contato com os amigos. Para contar a verdade. Para pedir ajuda. Para sair da cama diariamente, e de novo, e no dia seguinte, e no outro dia também. Aos poucos, um dia de cada vez, minha vida começou a mudar porque eu estava mudando a forma como vivia o cotidiano. Assim como naquela maratona, você muda a sua vida um passo de cada vez. Teria sido muito bom conhecer o *high five* naquela época, porque a voz na minha cabeça não se calava. Tudo teria sido muito mais fácil de lidar se eu tivesse sido mais gentil e encorajadora comigo mesma ao longo do processo.

O novo papel de cada um

Sou grata por descobrir o poder dos 5 segundos e por todas as lições que aprendi. Eu me recordo de ficar muito mal e me reerguer com uma visão completamente diferente da do Chris. Sem aquele período doloroso em nossas vidas, eu não teria uma história de sucesso. Não teria escrito nenhum livro. Sou grata pelo que aquela experiência me ensinou sobre a minha própria força e o poder do perdão. Sou grata pelo Chris ter se tornado um pai em tempo integral de nossos três filhos durante alguns anos, período em que ele trabalhou a sua própria necessidade de cura. Ele sempre quis ser um pai mais presente quando as crianças crescessem e, à medida que minha carreira como palestrante crescia, Chris assumiu a casa e teve um papel fundamental para que eu conseguisse me estabelecer.

Minha visão sobre esse capítulo de nossas vidas era de que o fracasso profissional nos levou a uma situação nova e maravilhosa e aos papéis certos em nosso casamento, na vida, em nossa família. Para mim, aquela experiência difícil abriu caminho para uma incrível história de sucesso e, sinceramente, achei que tudo tinha ficado para trás.

Mas não foi assim que Chris encarou a mudança

Para onde quer que olhasse, ele só via evidências de seu retumbante fracasso. Pegar as crianças na escola significava que ele era um fracasso. Aparar o gramado da casa significava que ele era um fracasso. Preparar o jantar, idem. Assumir a presidência do time do colégio das crianças queria dizer a mesma coisa. Ainda que nossos filhos digam agora que o tempo que passaram com o pai foi um dos maiores presentes da infância, na época Chris não entendia isso.

Quando ele recomeçou a trabalhar, a história se repetia. Ele era o diretor financeiro da minha empresa, um lembrete de que havia falhado em seu próprio empreendimento. Não importava que fosse o "nosso" negócio ou que legalmente ele fosse dono de 50% da empresa. Ele simplesmente não conseguia se livrar da vergonha que sentia por fracassar em "sua" carreira e "perder" o dinheiro de outras pessoas no restaurante.

Olho vivo na programação do cérebro

Esta é a trilha sonora da vida de muita gente, basta trocar a opinião do Chris (*Sou um fracasso*) pela sua (*Eu estrago tudo, Todo mundo me odeia*, e assim por diante). A história do Chris (e várias outras minhas) é apenas um exemplo de como o SAR pode fazer a vida sair dos trilhos. Você pode identificar um padrão semelhante em seu próprio cotidiano. Quando começamos a repetir uma crença negativa, o porteiro da mente, o SAR, seleciona as mensagens para confirmar essas crenças. Quando Chris estava no campo de lacrosse treinando o time de nossa filha, ele não considerava uma vantagem ter esse tipo de flexibilidade e tempo disponível. Seu foco estava no único pai andando de um lado para outro na lateral do campo falando ao telefone celular, provavelmente em uma videoconferência de trabalho, e *boom*, isso confirmava sua convicção. *Sou um fracasso. Não devia ser o treinador do time, aquele cara devia ser eu.*

Se eu dissesse que era o melhor pai do mundo, e que eu não poderia trabalhar se não fosse por ele, estaria perdendo o meu tempo, pois o porteiro de sua mente bloquearia essas afirmações porque elas não combinavam com suas convicções. Quando ele se reunia com o contador para fazer o planejamento financeiro do ano seguinte, não se via como o diretor de nossa empresa, mas da *minha* empresa. E, novamente, se sentia um fracasso.

A lição que se tira de tudo isso é que, como um computador, o cérebro tem uma programação específica. Ninguém pode mudar isso a não ser nós mesmos. Assim como não posso mudar as convicções de meu marido ou da minha filha, não posso mudar a sua. Você tem que decidir que está cansado dessa bobagem. A programação cerebral (suas crenças e seu SAR) é algo em que só a própria pessoa pode imprimir uma mudança. Nossa mente está preparada, à espera de que digamos como ela pode nos ajudar, e o SAR é a chave.

Isso talvez o ajude: ninguém mais está pensando no que aconteceu há cinco anos, a não ser você. Ninguém mais está lembrando tão diligentemente quanto você. É você que está catalogando todas as suas falhas, seus erros e problemas e mantendo o foco em (adivinha?) todas as suas falhas, seus erros e problemas. É você que está criando essas ideias tóxicas e falsas sobre você, que funcionam como paredes que o mantêm preso ao passado. Que tal se libertar dessa prisão mental? Você cumpriu sua pena. Já se castigou. Está na hora de se libertar do passado e começar a se concentrar no futuro que deseja criar. Esse processo começa com o reconhecimento de que você tem uma história ou que acredita em si mesmo. E essa crença o está prejudicando.

Chris começou a trabalhar internamente na cura com a ajuda de meditação e terapia. Tornou-se budista e começou a tentar se redimir. Depois de muitos anos, descobriu o seu próprio caminho para um significado maior na vida. Construiu um retiro para homens chamado Soul Degree, uma oportunidade para os homens fazerem o que nunca fazem: dedicar um tempo para eles próprios se conectarem com outros homens por meio de suas experiências, e se reconectarem a algo mais profundo dentro deles mesmos e às forças da vida. Se Chris e eu conseguimos nos reinventar, você também consegue, basta usar o SAR.

Você é quem manda no SAR

Tenho certeza de que você passou pela experiência de levar um chute na bunda e durante dias, semanas, até mesmo meses, só conseguia ver as coisas que lembravam o ex. Você escutava músicas de fossa sem parar. Chorava pelos cantos. Acompanhava tudo o que o ex fazia on-line. Todas essas emoções informavam ao SAR que o ex ainda era importante. Mesmo que você não o visse havia semanas ou meses, as lembranças estavam por toda parte.

Então, de repente, você conhece uma pessoa e é como se o porteiro de sua mente tivesse expulsado o ex e permitido que um novo amor chegasse pela porta principal. Sem se dar conta, você passa a ver apenas pessoas apaixonadas, a ouvir apenas músicas românticas, a ter a sensação de que todo mundo está tão feliz quanto você. O SAR fez isso. E sabe o que você deixa de ver? Sinais do ex.

Quando as coisas que você considera importantes mudam, a maneira de ver o mundo e a si mesmo também muda. O SAR bloqueia todas as bobagens antigas e os sentimentos ruins relacionados ao ex e abre as portas para as coisas relacionadas ao novo amor. O SAR fará a mesma coisa por você quando decidir que está na hora de parar de se criticar.

As histórias que conta a si mesmo (sobre você) são fundamentais. Se continuar repetindo que *é um fracasso ou uma pessoa má* ou criticando sua aparência ou sua conta bancária, o SAR acreditará que essas coisas são importantes e lhe mostrará mais motivos para você apostar que é mesmo um fracasso ou uma pessoa má.

O outro lado também é verdadeiro. Se você mudar a história que conta a si mesmo, de *Sou uma pessoa má* para *Estou melhorando* e *Estou cada vez melhor*, e repeti-la sem parar, mais rapidamente o porteiro do cérebro responderá.

Invertendo as crenças

Vou apresentar a você um jeito diferente de ver a vida. Se quiser experimentá-lo, juntamente com o *high five*, você verá mudanças reais e emocionantes em seu dia a dia. Vamos começar.

> **Crença limitante atual:** *Estrago tudo o que faço. Sou um fracasso.*
> **Invertendo a crença:** *Eu me perdoo pelas coisas que fiz quando estava tentando sobreviver. Todo dia eu me torno uma versão melhor de mim mesmo.*

A verdade: quando você acredita que destrói tudo em volta, está apostando na coisa errada. Ao dizer *Eu estrago tudo* você reafirma duas coisas: (1) você é tão poderoso que cria consistentemente apenas um tipo de resultado em sua vida, sem variações, e (2) este resultado é ruim. Pense nisso por um segundo: você é tão influente, tão onipresente, uma força tão grande da natureza, que quando se aproxima de alguma coisa, mesmo de algo bom, a coisa se transforma num desastre. Preciso lhe dizer que esse é um lugar muito bom para começar. Acompanhe-me.

Uma verdade e uma mentira

Uma coisa é verdade: você é poderoso. Mas já sabe disso. Vê provas de seu poder por toda parte, inclusive em todos os erros que cometeu. Não seria capaz de criar um histórico tão consistente de bobagens se não tivesse poder. Você entende isso, não é?

Olhando em retrospectiva, posso enumerar todos os problemas que criei ao longo da vida: na faculdade de direito, nos dois empregos, com os meus dois namorados. Além de entrar em depressão aos 40 anos e culpar Chris por isso. Havia pilhas de lixo em todos os lugares e eu consegui pisar em cada uma delas. Quero que você analise todas as bagunças que fez. Se conseguir empilhar todo o lixo mais fedorento de sua vida, verá esta verdade: *você também tem o poder de criar algo realmente incrível.*

Em vez de pilhas de lixo, coisas incríveis

Resultados surpreendentes podem acontecer com a mesma facilidade que os resultados ruins. Estou falando sério. Mas tudo depende do que você acredita ser capaz de fazer e no tanto que está focado. Se você estiver concentrado em como provoca coisas ruins, precisa promover mudanças. A começar por essa crença em sua cabeça.

Aja: Se você levantar pela manhã e se olhar no espelho com uma reação tipo *Eca*, sua vida será *Eca*.

Comece o dia com um *high five* no espelho e a frase "Eu me perdoo e estou me tornando uma versão melhor de mim mesmo" e um novo mundo de possibilidades se abrirá. "Não gosto disso, mas consigo controlar minha reação."

Neste momento, você tem a habilidade – e o hábito, é preciso dizer – de enxergar as coisas de certa maneira. E se desenvolvesse o mesmo conjunto de habilidades fortes e buscasse o resultado oposto? E se fosse para a esquerda em vez de para a direita?

Em vez de dizer "Fracassei de novo", diga "Como posso resolver isso?" ou "Como posso mudar esta situação de modo que alcance o melhor resultado? O que está sob o meu controle?". *Estraguei tudo* não é a sua única opção para um fim. Pense nisso.

Uma última coisa: se você vai receber todo o crédito por estragar as coisas, pelo menos leve o crédito quando as coisas dão certo. Veja aqui outras afirmações que ajudam você a mudar as suas convicções:

> **Posso resolver qualquer problema.** *(Posso limpar qualquer bagunça.)*
> **Isso está me preparando para algo incrível que está para acontecer.**
> *(Se isso está me preparando, não vou errar, estou aprendendo.)*

O sistema de filtragem

Outra coisa legal sobre o SAR: é fácil treiná-lo para trabalhar a seu favor. Essa flexibilidade mental já existe em você. Você já experimentou o poder do SAR e nem percebeu. Isso não é ótimo? Deixe-me demonstrar o que estou dizendo e como o SAR pode ajudá-lo. O exemplo a seguir mostra o poder do SAR: a compra de um carro novo.

Vamos imaginar que você esteja procurando um carro e decidiu fazer um *test drive* com um Acura vermelho. Você gostou do carro porque (1) o vermelho é uma cor fabulosa e (2) você não conhece ninguém que tem um Acura. Além disso, leu que se trata de um carro confiável e seguro.

Agora, enquanto você está lendo este livro, quero que pare e pense: quando foi a última vez que você viu um Acura vermelho? A menos que tenha um ou trabalhe em uma concessionária, aposto que você não lembra quando isso aconteceu porque até agora esse carro não tinha a menor importância para você. Como não era relevante, o SAR bloqueou todos os Acuras vermelhos de sua mente.

O cérebro não consegue processar conscientemente cada marca e modelo de carro que passa por você ou estaciona ao seu lado. Isso faz parte da sobrecarga de informações que o SAR está constantemente bloqueando de sua consciência. Obviamente, você "vê" todos esses carros. Mas não registra a informação. Ela entra e sai por seu filtro cerebral. Da mesma forma, minha filha "vê" todas as pessoas no bar que não são tão perfeitas quanto ela imagina, mas não as registra.

No segundo em que você começa a pensar em comprar um Acura vermelho, porém, o SAR é tão ágil que muda o próprio sistema de filtragem num átimo. Pensar em comprar um Acura vermelho aciona aquele escorredor de macarrão em sua cabeça que é a rede de neurônios. Ela fica mais forte quando você lê a respeito do carro, faz um *test drive*, compara os preços, assina a papelada de compra ou tira o carro do estacionamento da loja e publica a foto dele no Instagram. Todos esses pensamentos e ações dizem ao SAR que você adora Acura vermelho. De repente, do dia para a noite, você não consegue mais dirigir sem ver um Acura vermelho por todos os lados. Isso acontece porque o porteiro de sua mente acabou de passar o Acura vermelho da parte inconsciente do cérebro para a parte da frente da mente inconsciente.

Este é apenas um entre um milhão de exemplos de como o SAR tenta arduamente mostrar o que ele acha ser importante para você. Ele bloqueia todas as vezes que sua filha diz *Sou muito sortuda por ter você em casa, papai* e foca no executivo falando ao telefone celular, porque o SAR acha que você quer se sentir um fracasso. Você se sentiu um fracasso profissional por tanto tempo que o SAR detecta que isso é importante para você. Isso vale se você pensar *Sou uma pessoa má*. Se você se considera uma pessoa má, se sentirá assim depois de toda conversa difícil. E irá prestar atenção nas reações dos amigos, ignorará o fato de que deveria se orgulhar por estabelecer um limite.

Eis a saída de emergência

Quando você repete uma conversa interna negativa, o SAR acredita que ela é importante. Assim como no caso do Acura vermelho, o SAR está analisando o ambiente em busca de maneiras de afirmar pensamentos negativos como "Estou com uma aparência horrível", "Odeio meu corpo", "Por que não sou bonito?", etc. Seus pensamentos dizem ao SAR o que é importante. É por isso que você se sente preso em um mundo que parece estar contra você.

Retreinar o SAR para que ele pare com a autodegradação começa no espelho do banheiro todas as manhãs. O que você diz para aquela pessoa no espelho é importante, assim como a maneira com que você a trata. Portanto, a partir de amanhã, acorde e dê um *high five* a si mesmo porque o SAR está vendo. Ele está sempre alerta.

Explico em detalhes porque quero que você entenda por que essa história do *high five* vai funcionar. Sei que você tem dúvidas, é por esse motivo que estou deixando claro que há ciência por trás disso e mostrando como suas experiências anteriores afetaram suas convicções, como funciona o filtro em seu cérebro e por que ele precisa de sua ajuda. O SAR quer ajudar você.

Tendemos a viver em um estado mental e emocional depressivo por conta do nosso passado. É por isso que somos inseguros e os níveis de autoestima e motivação são baixos. O *high five* inverte isso e nos ajuda a recuperar um estado emocional e mental mais positivo, um estado para o qual fomos programados e que nos inspira a agir. Você não pode imaginar uma forma de obter uma nova vida, precisa agir para conquistá-la, um *high five* por vez. Agir de maneira coerente para mudar nem sempre é fácil, mas é possível.

Um novo olhar

Vou repetir: eu sei que seus problemas são sérios, avassaladores e reais. O hábito de dar um *high five* não muda essa realidade. Muda a maneira como você se vê e o que é capaz de realizar. Muda como enxerga o mundo e quais oportunidades ou soluções pode criar. Como se estimula a ir em frente com base na fé e na crença de que, se você se autovalorizar, algo incrível irá acontecer.

Todos os dias o cérebro começa a receber uma nova mensagem

sobre o que é importante para você e para o seu futuro. Ele vai se adaptar e começar a filtrar o mundo de uma maneira inteiramente nova para ajudá-lo a conseguir o que deseja. Ver as coisas de modo distinto não fará com que seus problemas desapareçam, mas fará com que você enxergue soluções, oportunidades e possibilidades que nunca percebeu. E isso faz toda a diferença.

Além do *high five*, o que mais posso fazer para treinar o SAR de modo que ele trabalhe a meu favor? Prepare-se, pois isso vai soar tão bobo quanto tocar sua própria mão no espelho. Pelo menos essa foi a reação de minha filha. Portanto, tire os óculos escuros, jogue no lixo as frases horríveis que você diz sobre si mesmo e comece a treinar o cérebro para encarar o futuro de um jeito totalmente novo.

CAPÍTULO 7

Por que estou vendo corações por toda parte?

Ao explicar o hábito do *high five* às minhas filhas, uma delas disse:

– Então, se eu der um *high five* a mim mesma no espelho vou parar de me achar uma pessoa má? *Sério?*

Diante de tanto ceticismo, decidi adotar uma abordagem diferente.

– Sei que parece inacreditável, mas e se eu pudesse provar que você vai mudar de opinião a respeito de si mesma em tempo real?

Ela perguntou:

– Se eu pudesse parar de pensar *Eu sou uma pessoa má* o tempo todo? Seria legal.

Dei a minhas filhas o exemplo do Acura vermelho e foi como se uma luz se acendesse.

– Já tive essa experiência. Minha colega de quarto tem um fusquinha. Eu nunca tinha andado em um carro desses antes e agora vejo fusquinhas em toda parte. É doideira.

Respondi que era exatamente isso que acontecia:

– É o cérebro mudando a maneira como você vê o mundo, em tempo real. Quando você diz *Sou uma pessoa má*, é provável que veja coisas todos os dias que fazem você pensar que isso é verdade, certo?

Ela concordou:

– Como aconteceu ontem, quando esqueci a consulta com o dentista e imediatamente pensei: *Lá vou eu novamente, só dando bola fora.*

Eu falei que era um ótimo exemplo.

– Agora, inverta esse pensamento. Vamos ensinar a mente a não ver todas as coisas que acontecem como evidência de que você é má. Você pode esquecer uma consulta e deixá-la passar pela sua mente sem anexar a frase *Sou uma pessoa má.* Você precisa dizer à mente exatamente o que você quer pensar sobre si mesma quando as coisas derem errado.

Ela me encarou, curiosa.

– Sério? Como?

– Primeiro vamos treinar a mente com um jogo simples que muda a maneira como você vê o mundo em tempo real. Todos os dias, procure ao seu redor coisas que tenham o formato de coração. Pode ser uma pedra ou uma folha, ou uma mancha de óleo formando um coração no chão da garagem ou até mesmo a espuma de leite do cappuccino. Vale qualquer coisa.

– Como a gente fazia quando estava caminhando na praia e ficava procurando por pedras com o formato de coração?

– Sim.

– Jura, mãe? Essa é a coisa mais estúpida que já ouvi.

Minha outra filha concordou:

– Também acho. Como isso pode me ajudar a parar de me sentir a mais alta entre as minhas amigas? Até porque eu sou de fato a mais alta? Quero que você me ensine a ser feliz e bem-sucedida, a ganhar bastante dinheiro em minha profissão. Você é da área de autoajuda. Como pedras com formato de coração podem me ajudar a mudar a opinião que tenho sobre mim mesma?

Eu tinha a resposta perfeita.

– O objetivo deste exercício é treinar a mente para identificar as coisas que você bloqueia e provar que você pode fazer o cérebro trabalhar a seu favor se lhe disser o que é importante para você. E caso queira ganhar muito dinheiro, é melhor treinar a mente para ver as oportunidades e os negócios que as outras pessoas não veem, exatamente como a "pedra com formato de coração" que você não vê porque não está procurando por ela. E, se quiser parar de pensar que é uma pessoa má ou parar de odiar sua aparência, é melhor treinar a mente para deixar de anexar esse pensamento em tudo que vê.

Elas estavam considerando meu argumento. Então, continuei:

– Além disso, se eu pedir a vocês que repitam um mantra positivo (*Sou bonita* ou *Sou uma pessoa boa),* vocês podem achar isso idiota (*Isso é estúpido)* porque não acreditam no que estou dizendo. Então, primeiro preciso mostrar o poder que vocês têm para mudar o que a mente vê. Depois, vocês vão confiar no que estou dizendo e usar essas ferramentas "idiotas" para mudar como veem a si mesmas.

Pessoas legais cometem erros o tempo todo, mas isso não as torna más pessoas. E, mesmo que errem, por que isso as tornaria não merecedoras de serem amadas? É tudo uma questão de inverter a forma como se olha para as coisas, de modo a se sentir fortalecido e apoiado. Imagine como seria mais fácil, até gratificante, se pudéssemos silenciar as críticas e nos amarmos enquanto batalhamos por nossas metas de saúde.

Agora que convenci minhas filhas, elas querem saber como fazer o exercício do coração.

Chegou a sua vez

A partir de amanhã, encontre alguma coisa que tenha a forma natural de um coração à sua volta. Quando encontrar, pare e observe. Tire uma foto. Desfrute do momento. Eu vejo alguma coisa todos os dias e ainda acho muito legal sempre que acontece.

A procura por corações transforma a vida numa espécie de caça ao tesouro, porque você acorda com a ideia de que em algum momento irá deparar com aquele coraçãozinho secreto que está em seu caminho.

Esse exercício dá o alerta para o poder do SAR e para o fato de que sua mente muda rapidamente quando você diz a ela o que deseja ver e ainda prova que há uma maneira diferente de observar o mundo ao seu redor. Significa também que há uma maneira diferente de ver a si mesmo.

Se você tentar, mas mesmo assim não encontrar algo com o formato de coração, é provável que tenha a ver com seu ceticismo ou com a probabilidade de achar que a busca é uma tolice e sinalizar ao SAR que não é importante. Se quiser ter uma mente aberta e inverter esses pensamentos negativos, precisa remover o que está impedindo você de agir. O ceticismo, a dúvida e o cinismo são os fiapos de tecido da lavadora de roupas – lembra-se? Eles bloqueiam você. Esta é uma forma de ser otimista e colocar em prática uma atitude positiva numa situação simples e de baixo risco. Além disso, se você não brincar de encontrar pedras com o formato de coração, não terá condições de participar do jogo de identificar as oportunidades quando os riscos forem mais altos.

Conexão com algo maior

Faça o exercício por uma semana e perceberá que existe um mundo no qual você caminha diariamente e que sua mente não permite que experimente. Faço isso há anos e sempre encontro algo com o formato de coração. Se você me seguir nas redes sociais, verá que compartilho os corações que encontro o tempo todo, sem contar as pessoas que diariamente me marcam e compartilham os corações que veem por aí.

Para ampliar essa busca, imagine que cada coração foi plantado intencionalmente naquele local para você encontrá-lo. Ao ver um, feche os olhos por um momento, sorria e tente sentir aquela onda quente de conexão com uma força maior, uma força que você não consegue explicar direito. É o que faço, e isso me dá a sensação de que Deus e o universo estão me apoiando e me orientando por um bom caminho.

Existem forças em ação que estão tentando ajudá-lo a enxergar o mundo de forma diferente. Existem pistas que o levarão às metas e realizações que lhe foram negadas. Você tem olhado para as coisas da maneira errada. Quando começar a encontrar esses corações, ficará surpreso ao perceber que sua mente muda para ver o que você lhe diz para ver.

Quando você ficar bom em interpretar os sinais, verá que tem condições de fazer coisas "malucas" surgirem em seu dia a dia. Tenho certeza de que você já olhou sua vida em retrospectiva e entendeu como os pontos se conectam, levando-o até onde se encontra agora. O legal de treinar o SAR para que ele "veja" o que você deseja ver é que isso ajuda a conectar os pontos que levam ao futuro que você imagina.

A mente foi projetada para nos auxiliar a obter o que queremos com as ferramentas que apresento neste livro. No Capítulo 14, vou contar uma história inacreditável e mostrar como usei o SAR (e uma crença inabalável) para fazer acontecer algo milagroso em minha vida – e vou mostrar como você pode aplicar isso no seu cotidiano.

Criando novas crenças

Agora que você conhece o SAR e começou a procurar corações, está na hora de trabalhar as crenças negativas que se repetem em sua cabeça. Este é o momento certo de eliminá-las, interrompendo os antigos padrões de pensamento e substituindo-os por *como você quer se sentir*.

São três passos para mudar a trilha sonora em sua cabeça.

Passo um: "Eu não estou pensando nisso."

Pensamentos negativos sempre surgirão. Você não tem como impedir que isso aconteça, mas pode interrompê-los. Use o hábito verbal de dar um *high five* para afastar o pensamento negativo. Se você pode escolher o que pensar, significa que pode escolher o que não pensar. Assim que o pensamento negativo cruzar sua mente – *Nada dá certo, Sempre estrago tudo, Nunca vou ser amado* –, interrompa-o com cinco palavras poderosas que redirecionam o SAR: "Eu não estou pensando nisso."

É isso que significa verificar o filtro, um registro de seus pensamentos. É uma tarefa simples, mas se você for aquele tipo de pessoa que pensa ou se preocupa demais, que é um catastrofista, se deixa paralisar por medos ou tem ansiedade, isso implica uma mudança de vida. Vou explicar como retreinar adequadamente o SAR para padronizar o que você quer pensar, mas permita--me explicar o que estou pedindo que você faça. Interromper a preocupação e eliminá-la, como fazemos com os fiapos no filtro da máquina de lavar roupas, é uma parte crítica do treinamento.

Quando comecei o treino alguns anos atrás, tentei interromper os pensamentos que me deixavam ansiosa. O número de vezes por dia que eu tinha que dizer "Eu não estou pensando nisso" me chamou atenção e acabou sendo um elemento revelador: a frequência com que a trilha sonora negativa tocava em minha mente.

Se um amigo não respondesse a um e-mail ou telefonema imediatamente, a voz negativa dizia *Ele deve estar com raiva de mim*. Mas, então, eu dizia a mim mesma: "Eu não estou pensando nisso."

Se alguém postasse em uma rede social uma foto dos pés numa espreguiçadeira com o mar ao fundo, eu ficava com inveja e ouvia uma voz dizendo *Odeio essa pessoa*. Imediatamente eu me recriminava – *Nunca terei dinheiro para esse tipo de férias* – até interromper o pensamento invejoso com a frase "Eu não estou pensando nisso".

Se eu visse uma foto minha de short, começava automaticamente a me criticar (*Nossa, quanta celulite!*) até começar a repetir: "Eu não estou pensando nisso."

A voz negativa tem uma fraqueza: odeia ser interrompida, odeia que a mandem se calar. O que você pode fazer é afastar esses pensamentos negativos, um de cada vez, antes que eles se fixem em sua mente. Lembre-se: sua mente foi projetada para ajudá-lo a obter o que deseja. Você veio a este mundo como um explorador destemido e aventureiro interessado em experimentar coisas novas. Você acreditava em si mesmo e adorava se ver no espelho. As ferramentas que está aprendendo a usar o remetem à essência de quem você é.

Passo dois: lembrete

Depois de falar em voz alta "Eu não estou pensando nisso", está na hora de criar uma crença que diga ao SAR o que você deseja que ele veja *para então torná-la visual*. Você já deve ter notado que muitas academias de ginástica e estúdios de ioga têm frases motivacionais nas paredes: *Tudo é possível. Inspire confiança, expire dúvida. A força está em você. Você consegue.* São exemplos de lembretes visuais afixados nos lugares em que você está tirando medidas para produzir mudanças. Quero que você faça a mesma coisa com o novo mantra inspirador que está prestes a escolher para que se lembre sempre de usá-lo.

Pesquisadores de Harvard e Wharton descobriram que as pessoas se tornam mais propensas a seguir com boas intenções quando estabelecem um lembrete para si mesmas. Esse lembrete deve conter: (1) algo repentino e imprevisto (portanto se destaca no cérebro), (2) estar no local exato onde o hábito será realizado. Sugiro colocar um aviso no espelho do banheiro. Assim, terá um lembrete para dar o *high five* matinal e repetir o mantra.

Qual deveria ser o mantra? Já expliquei por que a maioria dos mantras positivos não funciona: a mente os rejeita porque você não acredita neles. Por isso, não adianta simplesmente começar a repetir "Sou uma ótima pessoa" ou "Sou muito bonita" e esperar que a mente mostre evidências desses pensamentos. É fundamental que o mantra seja aquele em que você pode *acreditar imediatamente*. Como fazer isso? Vou sugerir alguns de que mais gosto, mas experimente vários e veja qual se encaixa melhor no seu dia a dia.

Repita o mantra em voz alta e observe como a sua mente reage. Você inventou milhões de motivos para provar que esse novo mantra não funciona? Então tente outro e mais outro até achar aquele que sua mente responde com um *high five*. Você saberá que o mantra é inspirador porque terá vontade de dar um *high five* no espelho ao repeti-lo. E ele dirá *sim* animadamente dentro de você. Quando encontrar um que funcione, você saberá.

Mantras inspiradores

Eu mereço me sentir bem hoje.
Sou uma pessoa incrível.
Eu cuido de mim mesmo.
O que parte meu coração abre os meus olhos.
Isso está me ensinando algo que eu preciso aprender.

Hoje vai ser um dia bom.

Estou bem do jeito que sou.

Vou resolver isso.

Todo dia eu fico um pouco mais forte. Não acredita em mim? Observe.

Eu dou conta disso. Pode mandar.

O que tem que ser meu está à minha procura.

Sou mais forte do que imagino.

Tenho autorização para ser uma obra em aberto.

Isso me assusta, mas faço mesmo assim.

Meu novo capítulo está apenas começando.

Estou amadurecendo como pessoa a cada dia.

Escolho me concentrar no que posso controlar.

Este momento é temporário.

Se eu investir no trabalho, posso fazer acontecer.

Desde o lançamento do site High5Challenge.com, milhares de pessoas enviaram dicas do que usaram em seus banheiros para relembrá-las do hábito diariamente. Quero compartilhar algumas das minhas favoritas:

- Escreva seu mantra num papel autoadesivo e cole no espelho como um lembrete para você dar um *high five* a si mesmo.
- Desenhe o contorno de sua mão com batom ou delineador no espelho do banheiro e escreva o mantra embaixo desse traçado.
- Desenhe sua mão num papelão, corte e escreva o mantra no meio. Depois prenda no espelho do banheiro.
- Faça desenhos no espelho com um pincel marcador.
- Encha uma jarra com mensagens para você mesmo. Todas as manhãs dê um *high five* no espelho e tire uma mensagem para ler.

- Coloque um objeto (quanto mais aleatório, melhor) no banheiro e prenda um bilhete nele com o mantra.

Passo três: comporte-se como a pessoa que você deseja se tornar

Agora que está rebatendo a crença negativa e repetindo o novo mantra, vem o passo mais importante: *Realize ações físicas que correspondam à sua nova crença positiva.*

Uma das maneiras mais eficazes de mudar sua opinião é tirar partido das pesquisas sobre a Terapia de Ativação Comportamental. Trata-se de um método terapêutico simples, porém sério, que afirma: *Comporte-se como a pessoa que você deseja se tornar, independentemente de como esteja se sentindo.* Além de ser estimulante, é poderoso porque o cérebro vê você em ação. Os antigos pensamentos negativos estão tão arraigados que você não pode simplesmente abandonar velhos hábitos e crenças. Você precisa ver a si mesmo em ação para mudar.

A ação *prova* que a nova crença é verdadeira, e ela ajuda o SAR a mudar o filtro ainda mais rapidamente. E o que é melhor: ao tratar a si mesmo como alguém digno e adorável, você muda o SAR e desenvolve a autoaceitação, que é o raciocínio mais importante para a felicidade e a satisfação.

Se você quer ser músico, como a minha filha, mas está cheio de dúvidas sobre si mesmo, comece a agir como uma pessoa que se expõe ao mundo. Isso significa escrever músicas e publicá-las on-line e inscrever-se para tocar em um show. Independentemente do nervosismo, do medo e da insegurança, vá em frente, pois, quando sua mente o vir em ação, o SAR entenderá que é importante para você e abrirá um mundo de oportunidades para você apresentar a sua música.

A mesma atitude vale para o amor-próprio. Se você vive criticando a própria aparência, comece a agir como alguém que se ama. Em vez de ficar se analisando em busca de defeitos diante do espelho, foque aquilo que lhe agrada. Faça escolhas mais saudáveis porque você merece se sentir bem. Exercite-se não para consertar o corpo, mas porque você se ama e quer ter uma vida saudável. Coloque bilhetinhos no espelho. Elogie-se. E não se esqueça de dar um *high five* todas as manhãs para provar ao cérebro que é "o tipo de pessoa que se autocongratula por ser quem é".

Para aprofundar e acelerar essa mudança, tome medidas que ajudem outras pessoas. Tire o foco de si mesmo. Ligue para alguém e pergunte como está passando. Faça trabalhos como voluntário. Quando você se dedica a ajudar os outros, além da sensação de satisfação, o ato altruísta afasta a angústia e o leva a se ver por outro ângulo.

Juntando tudo

Na próxima vez que tiver um pensamento negativo, interrompa-o com um "Eu não estou pensando nisso". Afirme sua nova crença e depois aja para provar que ela é verdadeira, seja por meio de um *high five* no espelho, seja por outra ação que comprove ao cérebro que *É importante eu me sentir assim*. Desse modo, você muda a história que conta a si mesmo e a maneira como a mente filtra o mundo e o que vê em tempo real.

É exatamente o que uma seguidora chamada Kristien faz: ao começar o dia dando a si mesma um *high five,* percebeu quanto passou a se sentir poderosa. Depois de lutar com questões de peso e autoconfiança, ela se deu conta de que nenhum programa de exercícios funcionou até o momento em que começou a se amar. Fez um curso na Bélgica em que se certificou como treinadora de saúde e fitness e passou a oferecer um programa para ensinar às mulheres o que funcionou para ela: a saúde física está fundamentada na qualidade da saúde mental e não em ter um corpo de determinado tamanho e peso. Saúde quer dizer amar e cuidar de si mesmo.

Kristien ensina suas alunas a dar *high five* no espelho. Ela disse: "No início, quando falei em *high five*, as mulheres ficaram com vergonha de praticar porque achavam que não mereciam o cumprimento e porque não era normal se colocar em primeiro lugar. Mas quando vejo uma mulher dando a si mesma um *high five* e observo quanto ela se tornou mais confiante, feliz e sorridente, me dou conta de que nenhum dinheiro no mundo se compara a isso." Então, Kristien decidiu ir além. Fixou no espelho do banheiro as frases com as novas crenças (*Você está melhorando a cada dia* e *Estou orgulhosa de você*), para repeti-las enquanto se cumprimentava com o *high five*. Depois de notar quanto isso a ajudou, fixou as novas crenças no espelho perto da entrada da casa porque queria ter certeza de que todos que entrassem vissem as frases.

Não é incrível? Ela descobriu que, a partir do momento em que nos cumprimentamos com um *high five* e repetimos a crença, é mais fácil tomar iniciativas que provem que nós nos amamos. "Um dos aprendizados mais importantes é nos colocarmos em primeiro lugar. O *high five* e as crenças ajudam a agir nesse sentido", afirmou.

Programando a mente

Ufa, abordamos vários temas. Muitos mesmo. Um *high five* para você e para mim. Parabéns! Vamos recapitular rapidamente o que foi dito até agora:

1. *Nunca saia do banheiro sem se cumprimentar no espelho com um* high five.

O hábito cria vias neurais no cérebro para ajudar a tornar o autoelogio um novo padrão. A vida deixou resíduos que estão afetando o filtro em sua mente, mas você pode mudar isso adotando o novo hábito.

2. *Inscreva-se no desafio #High5Challenge no site High5 Challenge.com.*

Permita-me apoiá-lo, dando o encorajamento e a responsabilização de que você precisa para concluir o desafio de cinco dias. É gratuito e divertido. Portanto, junte-se a nós!

3. *Identifique suas crenças negativas e experimente invertê-las.*

Combata os pensamentos negativos, substitua-os por mantras inspiradores em que você acredita e prove ao SAR, com ações palpáveis, que você deseja que a mente lhe mostre um novo mundo cheio de oportunidades e coisas incríveis.

É apenas o começo

Tudo que estamos aprendendo nos ajuda a mudar os padrões de pensamento e comportamento que nos limitam. No Capítulo 1, expliquei que o *high five* simboliza confiança, coragem e ação. Que vai além de um cumprimento que fazemos no espelho, é uma atitude holística sobre a vida. Tem a ver com cultivar e desenvolver atitudes e raciocínios que nos capacitem a assumir o controle, a ser mais felizes e a realizar mudanças significativas. Essas ferramentas também ajudam a limpar os fiapos do passado e a criar crenças positivas sobre nós mesmos e o futuro.

Agora, quero falar com você sobre a realidade da vida. Haverá momentos que fazem naufragar a atitude *high five*, que passam a sensação de estarmos presos e pessimistas, que diminuem a confiança. É nítido quando a atitude *high five* desaparece porque você fica sem vontade de agir. Quero mostrar como mudar esses gatilhos emocionais naturais, porém negativos. Depois de compreendê-los, você pode seguir em frente com a mesma simplicidade com que levanta a mão e dá um *high five* para você mesmo no espelho.

Você já tem tudo de que precisa para começar a mudar sua vida. Quero, no entanto, ir além para lidar com emoções que sempre me abalam e me deixam mentalmente desanimada:

- Inveja
- Culpa
- Insegurança
- Contratempos inesperados
- Ansiedade
- Medo

Nas próximas páginas, você irá entender esses sentimentos e aprender estratégias simples e comprovadas para recuperar o raciocínio *high five* e avançar. No fim do livro, encontrará um guia básico sobre como colocar em prática tudo o que aprendeu sobre o novo hábito.

Para começar, vamos dar uma olhada em algo que me deixa mentalmente confusa:

Por que todo mundo tem o que eu quero? Nunca terei o que eles têm ou alcançaram. Vou ficar aqui sentado e curtir a minha inveja.

CAPÍTULO 8

Por que a vida é tão fácil para os outros?

Por muito tempo, a inveja foi um problema para mim. A raiva e a frustração me consumiam. Lembro-me de um amigo que comprou uma linda casa e organizou uma festança para comemorar. Ao entrar em uma casa que tinha cinco vezes o tamanho da minha, numa fase em que nossos filhos eram pequenos e mal podíamos pagar a hipoteca, achei que ia explodir. Estava com tanta inveja que nem conseguia me segurar, e fiz o que muita gente faz: voltei as minhas baterias contra meu marido. Na volta para casa, tivemos uma discussão, porque comecei a chorar diante da realidade de que "nunca iríamos ter uma casa tão bacana".

Tive essa crença tóxica de que, se outra pessoa tivesse o que eu queria, significava que eu nunca seria capaz de ser dona daquilo. Eu não entendia a inveja ou como usá-la a meu favor, então ela despertava todas as minhas inseguranças. Se você está eternamente insatisfeito, comparando-se constante, implacável e esmagadoramente com a vida dos outros, nunca conseguirá acreditar em sua capacidade de fazer as coisas acontecerem. As outras pessoas serão os heróis enquanto você fica à margem, observando o que elas fazem. Essa é uma das razões de a inveja ser tão depressiva se deixarmos que ela nos absorva. Mas é importante dizer que a inveja pode ser extremamente útil.

Veja a seguir algumas coisas que ouço as pessoas dizerem quando sentem inveja:

Todo mundo está ganhando no jogo da vida e eu sempre recebendo o pior conjunto de cartas. Não é justo... Estou farto de ouvir falar do metabolismo rápido das pessoas, de suas férias relaxantes, das reformas bacanas em suas casas, dos cachorros incríveis que não roem o sofá... Eu queria ter tudo isso.

Ah! Lá vem ela novamente com seus posts: "Perdi peso e estou podendo"... Se eu tivesse um personal trainer, *também ficaria com essa aparência... Se ele disser "é tão fácil para mim" mais uma vez... Tive a ideia de criar o Uber há 10 anos. Estava prestes a começar... É tão mais fácil quando você não tem filhos... Se ao menos meu marido me entendesse... Tive uma vida muito mais difícil e não fico me exibindo... Qualquer pessoa pode usar um filtro nas redes sociais, tente ficar tão bem na vida real... Está todo mundo se dando bem e estou perdendo espaço.*

Para mim, está tudo acabado. Agora eu percebo que queria que o sucesso deles fosse o meu. Mas eles conquistaram tudo, e é tarde demais para eu ganhar. Vou ficar aqui assistindo e lamentando a minha inferioridade.

A verdade é que de um jeito ou de outro todo mundo sentiu que a sua versão idealizada da vida foi roubada (e por um bom motivo, que você vai descobrir no fim desta história).

Com esse tipo de conversa interna, fechamos mentalmente as portas para o que queremos porque alguém já fez aquilo. Desistimos de nós mesmos e deixamos a inveja ganhar terreno. E, em vez de nos estimularmos pela vida que desejamos, nos afundamos numa espiral de pensamentos e sentimentos autodestrutivos.

Quero que você entenda que a inveja pode ser um indicador de que você pode e *deve* ter aquilo que deseja. Vou apresentar algumas ferramentas para mudar seu raciocínio e, dessa forma, ficar mais animado com o futuro e ter a força necessária para construir a vida que pretende.

Mas, antes, quero que faça uma reflexão sobre sua percepção de sucesso. Você acha que existe um estoque limitado de sucesso, felicidade, amor? Acreditei nisso por muito tempo, o que me deixou paralisada. Embora houvesse muito sucesso e felicidade para distribuir, não sobrava nada para mim.

Logo que entendi que a felicidade e o sucesso são ilimitados e para todos (*todo mundo!*), tive a convicção de que iria conseguir a minha parte desse bolo. Bastou ter esse pensamento para eu relaxar e parar de me roer de inveja e começar a trabalhar para conseguir o que queria.

A vida inteira nós escutamos "Não seja invejoso" como se fosse algo para nos envergonharmos, algo impróprio, mesquinho e errado. Mas a inveja é na verdade um desejo bloqueado. Se fosse possível transformar a inveja em inspiração, o bloqueio desapareceria. Se fosse possível celebrar a inveja como um sinal de seu próximo grande passo, aliviaria imediatamente o peso da frustração e da insegurança que você sente e o faria seguir em frente com uma atitude *high five*.

Para entender como toda essa história de inveja funciona e como é possível transformá-la em inspiração, basta se embrenhar no pântano tenebroso da falta de amor-próprio, da baixa autoestima e da insegurança avassaladora. É só dar uma espiada nas redes sociais.

Inveja, palavra não dita

Outro dia eu estava observando minha filha navegar pelas redes sociais e perguntei no que ela estava pensando.

– Quando entro no Instagram, fico vendo a vida das outras pessoas, o que elas fazem, suas experiências, e quero fazer igual, mas então me convenço de que nunca vai acontecer comigo, não importa quanto eu queira. E isso me deixa mal.

Então, perguntei:

– Qual é a experiência que você deseja ter e que acha que nunca acontecerá?

– Outro dia, vi o vídeo de uma garota que se mudou para uma ilha no México, arranjou um trabalho lá, e estava se divertindo muito vivendo à beira-mar – respondeu ela.

– Parece legal. Por que você não faz isso?

– Mãe, é mais fácil falar do que fazer – retrucou ela. – Sempre sonhei em viajar e explorar os lugares, mas nem me permito pensar nisso porque, lá no fundo, acho que *É ótimo para ela, mas eu nunca faria nada parecido*. Tenho a sensação de que o tempo está passando rápido demais, mãe. Já tenho 22 anos.

Quando ela disse "já tenho 22 anos", meu primeiro pensamento foi *Você está brincando comigo?*, mas, por sorte, não verbalizei. O segundo pensamento foi *Não posso acreditar quanta pressão ela está colocando sobre si mesma. Ela está no início da vida, tem todo o tempo do mundo, e agora é o momento de fazer coisas incríveis como essa.* Mas também não falei nada. Só escutei.

– Agora, o que eu quero é viajar e trabalhar. Viajar é um sonho meu, mas só vejo obstáculos e razões para não dar certo. Vejo a garota curtindo ao máximo a vida no México, e isso me deixa com inveja porque é ótimo para ela, mas nunca aconteceria comigo – desabafou.

Então, eu falei uma das melhores coisas que aprendi com a maternidade:

– Você quer que eu apenas escute ou gostaria que eu desse a minha opinião?

Ela olhou para mim e disse:

– Quero saber o que você acha.

Eu saí falando:

– O que mais me impressiona é como sua insegurança a impede de explorar a possibilidade ou de mergulhar fundo em seus sonhos e desejos. Você sabe exatamente o que quer. Desde que você foi para o Camboja com sua avó no oitavo ano, seu coração anseia por viajar e explorar o mundo. Todas essas preocupações e dúvidas que você tem são normais, todo mundo tem esse tipo de sentimento. – E continuei: – Enquanto achar que *nunca acontecerá com você*, não fará nada para realizar os seus sonhos. É normal sentir inveja ao ver outras pessoas realizando o que você tem medo de fazer, mas se você se limitar a *pensar* no que quer, não é mais um sonho, é um desejo. Sonhos exigem ações, parcerias. Eles só se tornam realidade quando encontramos coragem para caminhar em sua direção.

Se você se identifica com essa conversa, eis aqui a coisa mais simples que precisa entender, caso ainda esteja inseguro: não foi o mundo que disse *Você não pode ter isso*, é você quem está dizendo.

Invertendo as crenças

Você precisa saber que as outras pessoas não pegaram o seu lugar. Elas estão abrindo o caminho e podem trocar *high five* com você ao longo do percurso. Olhe-se no espelho e, em vez de ver um perdedor, veja-se como realmente é, como seu aliado em fazer as coisas acontecerem. Aceite-se como seu melhor parceiro na vida e ficará surpreso com as outras parcerias que formar para obter as coisas que sonha. Perceba o potencial da vida e mude. Torne-se uma pessoa que segue em frente trocando *high five* em vez de ficar se roendo de inveja. Você está literalmente transformando o bloqueio em inspiração para agir.

Se você sentir inveja em qualquer área da sua vida, transforme o sentimento em inspiração:

> **Crença limitante atual:** *Se outra pessoa tem algo, eu não posso ter.*
> **Invertendo a crença:** *O sucesso dos outros é a prova de que eu também posso ser bem-sucedido.*

O significado da inveja

Só por um segundo, pense na pessoa de quem você tem inveja, se é alguém que faz parte da sua vida ou que você admira a distância. Agora pense nesse sentimento como um sinal, uma tentativa de atrair sua atenção. Não ignore a inveja que está sentindo. Não tente esconder o sentimento e não deixe que ele o assuste ou envergonhe. Aceite-o porque essa é a forma mais rápida de entender o que você quer.

A inveja é um instrumento de sobrevivência, assim como a curiosidade ou o desejo. Ela indica em qual direção você deve guiar seu dia a dia. Amanhã, quando estiver diante do espelho, deixe que o *high five* seja o símbolo de seu compromisso de trabalhar por aquilo que você almeja. De merecer e se capacitar para ir em busca de seus sonhos.

No caso de minha filha, ver a garota morando e trabalhando no México a deixou com inveja. Isso é bom. O caminho da inveja a coloca no caminho de suas metas. Pode ser sofrido ver outra pessoa fazendo o que desejamos. Há quem deixe essa dor atrapalhar, mas você pode usá-la a seu favor. Inverta o sentimento para inspirar mudanças.

Minha filha deveria enviar uma mensagem pedindo ajuda à garota: "Adoraria conversar com você. Adoraria fazer o que você está fazendo e queria aprender com você." É isso que precisamos fazer para conseguir o que queremos. Que essa ação transforme a inveja em inspiração.

Outra coisa que ela poderia fazer é começar a seguir, nas redes sociais, pessoas que estão trabalhando e viajando pelo mundo. Ver mais evidências do que você quer e saber que isso também *pode* acontecer com você ajuda o SAR a fazer a mudança com rapidez. Tome medidas para conseguir o que deseja e a inveja vai desaparecer. Com isso, o que está destinado a ser seu se torna cada vez mais perto de você.

Analise as pessoas que fazem parte de sua vida. Quem tem inveja de quem?

Talvez você esteja com inveja da energia, do entusiasmo e da atitude positiva delas. Ou com inveja do canal no YouTube ou do negócio que elas construíram. Talvez tenha a ver com o grupo de amigos próximos ou da entidade filantrópica que elas criaram. Talvez seja a maneira como elas cuidam da própria saúde, do estilo de vida, da autenticidade, de onde moram ou do fato de estarem sempre experimentando coisas novas e se arriscando.

Renda-se à força do desejo

Não fique parado, afundado na inveja. Saia dessa. O que há especificamente na vida ou na carreira dessa pessoa que o deixa com inveja?

Normalmente, permitimos que a inveja nos deixe inseguros. Nós nos anulamos porque vemos o que outras pessoas estão fazendo ou o que elas têm e nos recriminamos por querer as mesmas coisas. Isso acontece porque não acreditamos que somos capazes de conquistar o que desejamos.

A reforma da cozinha de sua amiga faz você se sentir mal com a sua cozinha desarrumada, então você se irrita com seu companheiro porque vocês não economizaram para renovar a casa. Como já confessei, isso acontecia muito comigo quando Chris e eu estávamos passando por dificuldades financeiras. Qualquer amiga que estivesse comprando móveis novos, construindo um anexo ou fazendo alguma viagem incrível de férias me deixava louca de inveja porque eu duvidava da minha capacidade de conseguir um dia realizar coisas parecidas.

Eu me sentia tão triste que dizia a mim mesma: "Nunca teremos uma vida assim."

Olhando em retrospectiva, tenho consciência do que estava acontecendo: não tinha nada a ver com a casa ou com Chris, mas com meu desejo de ser bem-sucedida e ter condições de pagar por algo tão bom, além da *minha* ambição. Na época, eu não admitia ser ambiciosa, mas pressionava Chris para ele ser promovido, ganhar mais dinheiro e me proporcionar o que eu queria ter. A questão é que os nossos desejos são de nossa responsabilidade, não do outro. Se você quiser abundância financeira, pressionar sua esposa/seu marido/seu parceiro não vai tornar isso realidade. Olhe-se no espelho e seja honesto a respeito do que deseja. É assim que se obtém aquilo que está somente no plano dos sonhos.

Pode ser que a cozinha nova de sua amiga não desperte sua inveja. Talvez seja a transformação física de seu irmão que o deixe tenso. Ele registrou o passo a passo no Facebook, o que faz você desejar ter começado a se exercitar um ano atrás. Inicialmente, as publicações dele o inspiravam, mas agora você fica irritado com a perda de peso dele. Você chega a revirar os olhos por vê-lo tão feliz e entusiasmado.

Se você sentir inveja e mágoa quando vê as postagens de seu

irmão, significa que deseja aquilo para você, mas está bloqueado por conta da insegurança. Quando perceber essa atração e a rejeição de seus desejos – o que significa que seus desejos o atraem, mas as dúvidas e medos mantêm a rejeição –, você começará a vê-los em todos os lugares. Você quer tanto o que considera estar destinado a você que sofre quando é lembrado que *ainda* não o tem.

Acontece na carreira e nos negócios. Você pensou, por exemplo, que a nova empresa de cosméticos da vizinha não vingaria. Ela pediu que experimentasse os cosméticos tantas vezes que a paixão pelo assunto era desagradável e ao mesmo tempo impressionante. Para ser sincera, você sentia inveja porque ela parecia se divertir, ganhando bastante dinheiro e fazendo novos amigos.

Em vez de se afastar da vizinha, experimente render-se à força das coisas que deseja. Deve haver algo no que ela está fazendo que o atrai. Como você descobre isso? Pelo sentimento de inveja. E você tem sorte, pois pode pegar o telefone e conversar com uma pessoa que trilha o caminho que está chamando sua atenção. Isso não quer dizer que deve vender produtos de beleza. Ligue para ela e converse sobre como as coisas aconteceram. Quem sabe você não aprende algo que lhe dê uma pista do que pode fazer. Um simples telefonema pode tirar as dúvidas e transformar sua inveja em inspiração.

Ou talvez seu filho mais novo tenha entrado na faculdade e você esteja sofrendo de ninho vazio. Você valoriza os anos em que ficou em casa educando os filhos, mas agora todas as amigas que não pararam de trabalhar enquanto as crianças cresciam a deixam extremamente insegura e invejosa. Seu currículo tem uma lacuna de 20 anos, e você não tem a menor ideia de por onde recomeçar. Não saber o que fazer não é desculpa para não fazer nada. A primeira providência é seguir esse impulso e pedir ajuda, conversar com as amigas e outras pessoas que fazem parte de sua vida sobre o novo capítulo que você claramente deseja criar para si mesma.

É mais fácil ter inveja ou criticar os outros do que admitir que algo está faltando em sua vida. Se você não tomar uma atitude, a insegurança e a inveja continuarão a crescer. Você pode fazer algo incrível no próximo capítulo de sua jornada. É isso que está destinado a você. Não permita que a inveja o bloqueie. Transforme a inveja e a insegurança em inspiração e vá em busca desse algo mais.

Não permita que a inveja se torne ilimitada

Antes eu deixava que a insegurança e a inveja me consumissem, mas, como sei que a inveja é apenas um desejo bloqueado, aprendi a usá-la para conseguir o que quero. É uma emoção normal e não passa um dia sem que eu sinta uma pontada de inveja, especialmente quando dou uma olhada nas redes sociais. Em vez de permitir que o sentimento me corroa, deixo que ela me leve na direção do que está destinado a mim. Repito em minha mente *Ah, que interessante, estou com inveja*. Exploro o sentimento e o transformo num sinal que me inspira a agir.

Neste momento da minha carreira, quando olho para o futuro, as pessoas que mais invejo são aquelas que já lançaram podcasts. Por exemplo, meu amigo Lewis Howes apresenta o podcast *The School of Greatness* há sete anos. Tenho muita inveja de Lewis. Na verdade, tenho uma porção de amigos que mantêm podcasts de sucesso e tenho inveja de todos eles. Como são muitos, não vou citá-los aqui.

Sinto inveja e depois me critico (*Conte-me se você também faz isso*) por não ter feito um podcast ainda. Meu dom é a minha fala. Acho que me saio melhor quando estou olhando alguém, falando sobre a vida. Faço palestras, sessões de coaching, audiolivros e *talk show* diurno. Por causa da dislexia e do TDAH (transtorno do déficit de atenção com hiperatividade), escrever é a forma mais difícil de criar conteúdo, mas falar ao microfone é bem tranquilo.

Criar um podcast seria tão natural e fluido quanto beber um copo d'água. Acho que vou adorar fazer um. Então, por que ainda não fiz? Pela mesma razão que minha filha não começou a planejar uma viagem ao redor do mundo. Pela mesma razão que você não correu atrás daquele sonho que não lhe sai da cabeça há anos. Você quer muito conquistar tal coisa, mas a insegurança o convenceu: *Nunca vou chegar lá. É tarde demais. Alguém já conseguiu. Serei apenas um imitador.*

A verdade é que isso parece não fazer sentido. Não há nada me impedindo de pegar o microfone nos dias em que faço o programa de rádio, plugá-lo no gravador e fazer um podcast. Ou então apertar o botão Voice Memos em meu iPhone e pressionar Gravar. Não há nada que me impeça, a não ser eu mesma.

É que eu repito mentalmente *É tarde demais. Perdi o momento ideal. Todo mundo e mais alguém tem um podcast – não tem como o meu se tornar um sucesso agora. Com tanta gente na dianteira nessa jornada pelo podcast, como fazer algo diferente?* Treinei o meu SAR para me mostrar os motivos para não começar. Opa. Depois de confessar tudo isso para você, fiquei curiosa. Quantos podcasts existem? Talvez por volta de 100 mil, eu chutaria. Pesquisei no Google e acredite: há quase 2 milhões de programas e 43 milhões de episódios avulsos de podcasts no mundo.

Dois milhões de programas? Lembra-se de quando eu disse que não se pode lavar roupa sem produzir fiapos? Pois não é possível passar o dia sem ter um pensamento negativo. Senti um aperto no peito quando li "2 milhões de programas". *Uau.* Quando isso acontecer com você, imagine-se limpando seu filtro e mantendo a mente aberta para o que está destinado a ser seu. Faça um exercício mental, elimine aquele *Uau* e o transforme em "Vou fazer isso, custe o que custar".

Comece a prestar atenção na sua inveja e descubra o que ela está tentando mostrar sobre o lugar em que seu espírito deveria estar. Se não fizer isso, a inveja vai se fortalecer e se impor, corroendo o espírito. Em vez de olhar para onde o destino aponta, comece a olhar ao redor para todos que chegaram lá antes de você.

Inspiração pelo exemplo

Veja a seguir algumas perguntas que podem ajudá-lo a transformar a inveja em ação inspirada – por que você precisa daquele *high five*:

- *De quem você tem inveja?*
- *O que há com essas pessoas e o que estão fazendo ou o que elas têm que atraem você?*
- *Quais partes inspiram você?*
- *De quais partes você não gosta?*
- *Quais ajustes você faria para torná-lo seu?*
- *Qual é o pensamento negativo que o impediu de buscá-lo?*

Quando faço essas perguntas a mim mesma, fica claro o que minha alma está tentando me dizer. Preciso tornar o lançamento de um podcast a meta número um na próxima etapa da minha carreira. A única coisa que eu poderia fazer, assim que terminar este livro, é criar um plano de lançamento. Depois, poderia procurar os amigos para me aconselhar. Poderia ainda fazer um curso on-line sobre o assunto ou me inscrever num evento sobre podcasts.

Assim que eu começar a agir, a inveja vai desaparecer. Com você será igual.

Alguns dias depois de nossa conversa, minha filha procurou a garota que estava no México e começou a planejar sua viagem.

Pesquisou o itinerário e seguiu outras pessoas nas redes sociais para ter mais inspiração. Perguntou ao chefe se poderia adiar por alguns meses o início de seu trabalho depois de se formar. Ela estava tão cheia de energia e vitalidade que era como se tivesse tomado um elixir. Ela usou a inveja como inspiração e se pôs na direção do que queria realizar. Nada é mais estimulante do que isso.

Outra coisa legal: se você não está disposto a trabalhar para mudar ou fazer acontecer, não tem o direito de ficar com inveja. Isso mostra que você tem o hábito de focar o que lhe falta, mas, na verdade, não quer conquistar nada novo.

O que eu gosto sobre o hábito de transformar a inveja em inspiração é que ele é simples, porém muito bonito. Ele afirma o que acredito ser a essência da natureza humana: somos todos cocriadores nesta vida gloriosa. Nossas energias são fortemente conectadas umas com as outras. O sucesso de uma pessoa pode ser compartilhado por todos. Ficamos animados pelas conquistas uns dos outros e inspirados por seus exemplos. Portanto, em vez de competir com todas as pessoas que encontrar pela frente, encare-as como aliadas para ajudá-lo a conseguir o que deseja. E nunca se esqueça de que, à medida que você se sente confiante para seguir em frente, você se torna uma luz no caminho para alguém que vem atrás e ainda está bloqueado.

CAPÍTULO 9

Não será mais fácil se eu não disser nada?

A culpa é uma das emoções mais poderosas do mundo. Se você é propenso a ter esse tipo de sentimento, precisa saber como se libertar. A culpa é como a rédea de um cavalo. Imagine seu espírito como um belo garanhão que deseja nada mais do que sentir seu poder, sua força e velocidade. Ele quer correr pelo campo sentindo sol no pelo e vento na crina. Mas as rédeas da culpa estão restringindo os movimentos, desacelerando seu espírito até deixá-lo paralisado. É como se alguém que você ama ficasse magoado ou desapontado se você corresse na direção dos seus sonhos. Só lhe resta obedecer, então.

Se você treinar para uma maratona, sua esposa/seu marido/seu parceiro demonstrará ressentimento por você.

Se você começar a vender imóveis nos fins de semana, seu chefe vai descobrir e se mostrar zangado.

Se você se mudar da vizinhança, seus velhos amigos farão você se sentir melhor do que eles.

Se você aceitar esse emprego em Londres, seus filhos adolescentes terão que mudar de escola e nunca o perdoarão.

Mas as coisas podem ser mais sutis, por exemplo:

Estou tentando cortar o glúten. Tudo bem, tudo bem, eu como esse pedaço de lasanha, vovó... Certo, posso fazer essa tarefa extra para você, embora esteja cheio de trabalho... Será que sou uma péssima mãe por querer que os filhos adultos se mudem?... Você quer pegar minha picape emprestada? Acho que sou um monstro por não querer ir para a casa da minha cunhada na véspera do Natal (mais uma vez) este ano?... Meus filhos vão perambular pelas ruas se eu treinar para a maratona. Vai ser mais fácil se eu não disser nada.

A culpa é devastadora

O que acho mais interessante sobre a culpa é como ela é mal compreendida. Você provavelmente acha que outras pessoas o "fazem" se sentir culpado. Isso não é verdade. O fato é que a culpa é autoinfligida. A culpa está ligada aos seus valores e aos seus gatilhos emocionais. Quando você "se sente culpado" por algo é porque acredita que fazer ou dizer o que vai na sua cabeça irá magoar ou deixar a pessoa chateada.

A ideia de que o outro estaria bravo, decepcionado, triste ou irritado com você alimenta a "culpa". *É mais fácil não lidar com isso* significa que é mais fácil não lidar com pessoas chateadas com você. Você pode se sentir culpado por se "recusar" a cobrir o turno de alguém no trabalho ou por não incluir aquele amigo superdependente em seu jantar de aniversário ou por não querer ser o anfitrião das festas familiares este ano, já que sua sogra *sempre faz o almoço do Natal.* Você sabe exatamente o que quer fazer, apenas não quer enfrentar as consequências emocionais que previu ao colocar suas necessidades – e você mesmo – em primeiro lugar. A culpa o deixa desconfortável, então você cede.

Você quer se mudar para a Califórnia, mas se sente culpado porque seus pais ficariam tristes. Você foi promovido, mas se sente culpado porque seu melhor amigo não teve a mesma sorte, embora ele também mereça ser. Você quer estudar enfermagem, mas se sente culpado porque não haveria ninguém para dar suporte em casa.

Eu também luto contra essas mesmas questões. Aprender a deixar as pessoas se sentirem desapontadas e, ainda assim, continuar respeitando seus desejos não é fácil, mas é possível e mudará a sua vida.

Uma história sobre uma mesa de sinuca

Meu pai tinha o hobby de comprar e restaurar mesas de sinuca antigas que encontrava em vendas de garagem e leilões. Quando Chris e eu nos casamos, seu presente de casamento foi uma mesa de sinuca Brunswick, de 1870, mesmo período da antiga casa de fazenda que compramos nos arredores de Boston. Depois do casamento, a mesa ficou no porão da casa de meus pais em Michigan por anos, porque Chris e eu não tínhamos onde colocá-la. Quando meu negócio começou a decolar, conseguimos construir uma garagem nova e uma sala de jogos anexa à casa. Quando contei isso a meu pai, ele ficou animado e disse: "Ótimo! Você terá um ótimo espaço para colocar a mesa de sinuca." *Espera aí, mesa de sinuca?*

Chegou a hora de começar a agradar às pessoas.

Papai contratou especialistas para instalar a mesa de sinuca lá em casa, com direito a nivelar o piso, esticar o feltro e prender as caçapas de couro trançado, uma a uma. A mesa era linda, mas ocupava metade da nova sala de jogos. Aparentemente, a culpa pode prejudicar a percepção e a capacidade de medir os espaços com precisão. As crianças tinham que brincar nas laterais, enquanto a mesa de sinuca, coberta de Legos porque raramente era usada, reinava absoluta como um elefante no meio da sala.

Quando as crianças cresceram e minha empresa começou a prosperar, eu não precisava mais de uma sala de jogos, mas de um escritório. Não ousava, porém, tirar a mesa de sinuca de lá.

Doente por causa da culpa

A mesa ficou em meu escritório por dois anos, como um porta-aviões de feltro, obrigando todo mundo a contorná-la para ir de uma ponta a outra da sala. Apesar de estar administrando a empresa de casa, meu "escritório" era pequeno, então espalhei meus funcionários pela cozinha e pela sala de estar.

Eu precisava de mais espaço, mas não conseguia me livrar da mesa de sinuca (também conhecida como culpa). Por quê? Porque eu amava meu pai mais do que tudo e não queria magoá-lo. Eu me lembrava dele sempre que olhava para a mesa e, por não morar perto, adorava ter coisas de Michigan em nossa casa em Massachusetts.

Justamente por morar longe, meus pais me visitavam apenas algumas vezes por ano. Eu sabia que eles entenderiam se eu guardasse a mesa num guarda-móveis, mas ainda assim parecia um tapa na cara dos meus pais, que a tinham dado a nós, Chris e eu, com tanto amor.

Embora pensasse nisso todos os dias, não conseguia pegar o telefone para conversar com meu pai sobre o assunto incômodo. Sou do tipo que gosta de agradar às pessoas, e a ideia de decepcionar alguém me deixa fisicamente doente.

Agradar ou manipular?

Agradar a outras pessoas é ótimo se é o que você realmente quer fazer e se é isso que o deixa feliz. Torna-se um problema quando você começa a trair suas necessidades por medo de que os outros fiquem chateados. Estou me referindo a não magoar meu pai, mas é algo muito maior. Como gosto de agradar às pessoas, faço qualquer coisa para manipular sua reação emocional. Usei a palavra *manipular* de propósito porque sabia que isso incomodaria você. Pessoas que gostam de agradar aos outros acham que estão sendo "legais".

Elas não são legais, são mentirosas. Se você é do tipo que agrada às pessoas, se comporta de modo a manipular o que elas pensam a seu respeito. É por isso que você gasta a maior parte de sua energia se preparando para se ajustar ou agradar ao outro ou para que ninguém fique bravo com você. Em vez de mostrar a sua personalidade e tomar decisões que são melhores para o seu dia a dia, você se atormenta (ou atravanca a nova sala de jogos) para que os outros não demonstrem aborrecimento com as atitudes que tomou.

Coragem e confiança eliminam a culpa

Ao usar a mesa de sinuca como apoio para espalhar os capítulos do meu primeiro livro, *O poder dos 5 segundos,* durante o trabalho de edição, percebi que se eu quisesse ensinar os outros a reunir coragem e confiança para assumir o controle de suas vidas, precisava ter coragem e confiança para falar com papai sobre a mesa.

Estava sabotando as minhas necessidades de ter um escritório em que pudesse trabalhar à vontade, porque tinha medo de dizer a meu pai como me sentia. Eu precisava ligar para ele.

Assim que eu entrava no "escritório" que exibia aquela imensa mesa de sinuca, tinha sentimentos conflitantes por adiar a conversa em mais um dia. Aquilo começou a me deixar amargurada. Não era justo com meu pai. Ele não deu a mesa de presente para criar problemas. Ele deu a mesa para que eu me divertisse.

Invertendo as crenças

Vou repetir algo que já disse: agradar não tem a ver com os outros, mas com as nossas próprias inseguranças. Minha maior insegurança é ver que as pessoas estão bravas comigo. Chegar até aqui se deve em grande parte com a inversão de minha crença limitante:

> **Crença limitante atual:** *Se alguém estiver decepcionado ou chateado com suas decisões, vai deixar de amar você.*
> **Invertendo a crença:** *As pessoas podem se decepcionar com você ou com as decisões que tomou e ainda assim continuar a amá-lo.*

Como mãe de três filhos, tenho consciência de que crianças fazem o tempo todo coisas que me irritam, me deixam triste ou um tanto desapontada. Nada disso afetou de algum modo o imenso amor que sinto por elas. Mas, como filha, ainda pensava como uma criança, achava que meus pais só me amariam se aprovassem tudo o que eu fizesse.

Gostaria de poder apresentar algo tão simples como a regra dos 5 segundos e dizer que tudo o que você precisa fazer é contar 5-4-3-2-1 e, magicamente, o hábito de agradar às pessoas se resolveria e a pontinha de desapontamento desapareceria. Não é assim que a vida funciona porque os relacionamentos são uma troca constante. Levei 45 anos para ter essa epifania de que o amor e a decepção podem coexistir, e em geral é assim que acontece.

Qual a decisão de uma boa filha?

As conversas difíceis acontecem porque você decide que não dá mais para adiar. Chegou a hora. Foi exatamente assim que, um dia, simplesmente peguei o telefone e liguei para ele. Enrolei um pouco, comecei com uma conversa fiada, e em seguida fui sincera: "Pai, você sabe que adoro a mesa de sinuca, mas o meu negócio está crescendo tanto que preciso de um escritório em casa."

Ele respondeu: "Ah, vai ficar ótima no escritório."

O "culpômetro" chegou ao limite. O universo estava conspirando contra mim. Tive que explicar que precisava, de fato, de espaço para as mesas, e então meu pai sugeriu que eu colocasse uma prancha de madeira compensada sobre a mesa de sinuca para que ela pudesse ser usada no horário de expediente e retirada nos fins de semana e à noite para jogar uma partida. Não era uma má ideia, mas eu sabia que não funcionaria para a configuração que eu precisava.

O coração estava acelerado, as palmas das mãos molhadas de suor. Meu pai achou que eu estava ligando para pedir ajuda para resolver o meu problema, e eu estava prestes a admitir que tinha uma solução de que ele não iria gostar.

A mulher adulta entra em cena

Respirei fundo e disse que iria contratar um profissional especializado para desmontar a mesa que ele me presenteou com amor e carinho e guardá-la num depósito climatizado. E prometi que quando mudasse o escritório para outro local, construísse um anexo em casa ou me mudasse para um lugar maior, a mesa de sinuca ganharia uma sala só para ela.

Pronto, falei.

Agora, o resultado.

Tudo bem, não precisa vir ao meu enterro

Se eu magoei meu pai naquele momento? Sim. Se eu me senti culpada? Sim. Se eu me senti a pior filha do mundo quando o pessoal da empresa de mudança veio pegar a mesa para levá-la para o depósito? Sim. Se meu pai ainda estava magoado quando veio me visitar e viu o escritório pela primeira vez sem a mesa de sinuca? Sim. Se eu tive vontade de chorar quando vi a expressão dele? É claro. Se ele ainda fala no assunto? Siiiiiim. Sempre que meus pais se oferecem para nos dar algo, minha mãe faz um comentário sarcástico: "Mas você tem certeza de que vai usar ou vai colocar no porão, junto com o resto das coisas que demos a você?"

Amo você também, mamãe. E, sim, eu mereço ouvir esse tipo de crítica. Melhor ainda, eu aguento porque sei que ela me ama e tem o direito de expressar seus sentimentos.

Rasgando o Manual da Boa Filha

A verdade é que ainda me sinto mal por ter magoado os dois. Por causa do sarcasmo, dá para notar que mamãe ficou chateada. Apesar de ter pedido milhões de desculpas, dói magoar alguém que a gente ama. Detesto desapontar as pessoas. Portanto, quando sinto essas emoções desagradáveis, deixo que elas se manifestem, sinto uma reviravolta no estômago, e depois me livro delas. É como uma cólica, também conhecida como "pontada" de culpa, porque é fisicamente dolorosa. Aprendi a não deixar chegar ao ponto de me achar "uma péssima filha" ou "uma filha da p∗ egoísta".

Se existiu algo que me ajudou nessa situação complicada foi lembrar qual era a minha intenção. Claro que não era magoar meus pais ou ser ingrata. Era construir um escritório e expandir meu negócio. Os pais, ou qualquer outra pessoa que se decepcione com você, são humanos. Dê espaço para que sintam e digam o que precisam dizer. Ok, não é fácil, mas é assim que tem que ser.

É impossível passar pela vida e não magoar ou desapontar quem nos ama, mas considere que colocar os outros em primeiro lugar magoa e decepciona você. O objetivo de viver é sentir absolutamente tudo – os altos, os baixos, a gratidão, a culpa, a tristeza, o amor. Uma vida boa é cheia de dias ruins, um relacionamento amoroso é cheio de momentos que magoam. É isso que torna as coisas reais, honestas e verdadeiras.

Não se esqueça de que as pessoas podem ficar desapontadas ou até mesmo com raiva e continuar amando você. Mamãe e papai, se estiverem lendo isto, e sei que estão, aquele novo celeiro/escritório que estamos construindo terá um espaço maravilhoso para exibir a linda mesa de sinuca.

Aprendi uma lição valiosa no dia em que fui sincera com meu pai: por mais que você tenha medo de magoar alguém que ama, sempre vale a pena ser honesto sobre suas necessidades.

Dizer com franqueza aquilo que se quer é definitivamente mais difícil para as mulheres do que para os homens.

Diferentes percepções

Alguns anos atrás, fui contratada pela JPMorgan Chase para criar um workshop para sua unidade de negócios bancários. No primeiro ano, ministrei seminários em 24 cidades para donos de pequenas empresas. No segundo ano, repetimos a série, mas com foco nos problemas que as mulheres donas de pequenas empresas enfrentam. Estive com 10 mil pessoas naquelas duas séries e tive centenas de conversas pessoais.

O mais surpreendente nessas viagens era a questão da culpa: como ela surgia e por quê. Nos eventos em que o número de homens e mulheres estava mais equilibrado, nunca me pediam conselhos sobre como lidar com a culpa. Mas, em todos os eventos sobre mulheres nos negócios, o tema estava sempre em evidência, especialmente quando se discutiam sonhos e ambições.

Tornou-se bastante óbvio para mim que a culpa era mil vezes pior para as mulheres do que para os homens. Jogamos a culpa no cesto de roupa suja como se fosse um par de meias a mais. Alegremente, aceitamos a culpa. Sempre agimos assim porque foi desse modo que fomos educadas. Sempre me surpreendo com a culpa que sinto quando minha mãe está triste, enquanto meu irmão simplesmente dá de ombros.

Não importa o que eu faça, nunca é o bastante

Se a sua mãe é mestre Jedi em fazê-lo "se sentir" culpado, posso garantir que ela também luta contra a culpa. É uma emoção dolorosa porque você se sente responsável por algo ruim que aconteceu (como esta manhã, quando saí de casa acidentalmente com as chaves dos dois carros e deixei Chris na mão).

Mãe e filhas repassam a culpa como se fosse uma batata quente. Sua mãe acha que fez algo errado e é por isso que você nunca liga para ela. Quando você liga, se sente mal quando ela diz "Faz tempo que não tenho notícias suas" (porque ela nunca liga para você), mas você fica frustrada porque não importa o que faça, nunca é suficiente. Adivinha? Ela se sente da mesma forma em relação a você.

Todos nós queremos sentir que somos amados, que devemos receber apoio. Isso remonta às nossas necessidades básicas de sermos vistos, ouvidos e celebrados. Quando você não sabe como pedir o apoio emocional de que necessita, a tendência é recorrer a artifícios destrutivos. *Por que você nunca me liga? Muito ocupado para sua própria mãe?* Ela está apenas querendo confirmar que ainda é importante para você, já que a sensação é de que não é. Você está repetindo o roteiro quando retruca: "O telefone funciona nos dois sentidos, mãe." Você se pergunta por que sente tanta culpa por trabalhar? É porque está muito ocupado para seus filhos. Dizer que se sente culpado faz com que seus colegas o tranquilizem. Batata quente nas mãos!

A culpa contrai, o amor expande

Se a culpa comanda seus pensamentos (*Não posso ter isso, Não devia querer isso, Eles vão ficar magoados se eu fizer isso*), você será condenado se fizer ou não o que está programando. Se o amor comanda seus pensamentos, você vê o mundo cheio de possibilidades em vez de sacrifícios (*Posso aceitar a promoção e ainda arranjar tempo para assistir ao recital de meu filho. Posso morar longe e ainda amar você profundamente*). Posso ser uma filha incrível e não ligar todos os dias. Estou escrevendo sobre isso porque é um problema que enfrento e que trabalho pessoalmente. Não moro perto dos meus pais e sempre sinto falta deles.

Se há algo que ajuda é me manter ligada às coisas de que gosto neles e pelas quais sou grata, como, por exemplo, quanto eles são amorosos e acolhedores. Quando minha mente vai pelo caminho do *Moramos a 16 horas de carro*, respondo para mim mesma: "Eu não estou pensando nisso." Você percebe como é possível inverter rapidamente o espírito e recuperar a atitude *high five*? Amo vocês, mamãe e papai.

Você não se sente culpado?

De tempos em tempos as mulheres me perguntam: "Como você administra a culpa por viajar tanto a trabalho, deixando três filhos e um marido em casa, enquanto segue com sua carreira?" Minha resposta?

Não sinto culpa. Sinto-me valorizada.

As mulheres sempre reagem de duas maneiras quando conto essa mudança de atitude em relação à culpa. Elas riem e assentem, ou demonstram surpresa.

Então, acrescento o que considero mais poderoso para mim: não sinto culpa porque escolhi não me sentir culpada.

Às vezes me sinto triste por estar com saudades dos meus filhos enquanto estou viajando? Sim, é claro. Também me sinto solitária quando viajo porque gostaria que Chris estivesse comigo, mas valorizo o fato de ele ficar em casa para me ajudar e dar apoio às crianças enquanto estou fora (da mesma forma que ele valoriza o apoio que dou a ele durante os retiros do Soul Degree).

Nem sempre foi assim

Quando comecei a viajar, me sentia culpada o tempo todo. Minhas ideias sobre carreira e ambição eram exatamente opostas ao que penso hoje. Eu acordava em um quarto de hotel sozinha e me sentia culpada por não estar em Boston preparando o café da manhã. Eu conversava com as crianças pelo FaceTime enquanto corria para pegar um voo, e meu coração pesava. Quando eles diziam "Estou com saudades", era difícil conter as lágrimas. Eu me sentia a pior mãe do mundo porque não estava presente e queria estar, mas tínhamos contas a pagar e eu precisava trabalhar.

Se você continuar a repetir a história de que é a pior mãe (ou filha) do mundo, seu SAR começará a mostrar todos os motivos que comprovam sua teoria. Quando eu acessava o Facebook, as publicações das minhas amigas que estavam em casa, ou pelo menos trabalhando em Boston faziam com que me sentisse uma forasteira em minha própria comunidade.

A culpa pode ser difícil e ter seu peso, mas nem sempre é ruim. Há dois tipos de culpa: a produtiva (quem conhece?) e a destrutiva. Quando usada de forma produtiva, a culpa faz você se preocupar profundamente com o mundo ao seu redor e com o seu lugar nele. A culpa nos conscientiza de como nosso comportamento afeta os outros, protege os relacionamentos, nos estimula a ser gentis e nos motiva a mudar.

Se você continua esquecendo o aniversário do seu irmão, por exemplo, sentir culpa é produtivo se isso o motiva a se desculpar, a fazer planos para comemorar no próximo fim de semana, e então passar uma tarde anotando os aniversários de todos na agenda para nunca mais esquecer. Como disse a escritora americana Maya Angelou: "Faça o melhor que puder até saber mais. Então, quando souber mais, faça ainda melhor."

No meu caso, eu não estava usando a culpa para me inspirar a melhorar. Eu a usei como uma marreta, para bater em mim mesma. Essa é a culpa destrutiva ou, como os psicólogos chamam, *vergonha*.

Em vez de dizer "Minha agenda de viagens é horrível", você diz "Eu sou horrível". Meu marido, Chris, fez isso quando seu restaurante faliu. Em vez de dizer "O negócio faliu", ele disse "Eu sou um fracasso". Não há nada de bom nisso. A vergonha é como um molho empelotado sobre aquela batata quente, e quanto mais seu SAR ouve você dizer *Sou uma pessoa má*, mais você terá evidências de que é verdade.

Se você luta contra a culpa, responda à pergunta: "Ela está me motivando a mudar para melhor ou estou usando a culpa para me sentir mal?"

Como você quer que sua vida seja?

Fiz exatamente essa pergunta a mim mesma: como quero que minha vida seja? E, posso garantir, é reveladora. Quando você tem certeza do que deseja, pode se fortalecer para buscar seus objetivos e parar de se sentir mal por isso. Se você não sabe o que deseja, pergunte-se o seguinte: *Como* não *quero que minha vida seja?*

Eu sabia que queria realizar os meus sonhos e estar presente na vida dos meus filhos. Queria mostrar às minhas filhas como é ter uma mãe cujo trabalho tem bastante reconhecimento e mostrar a meu filho como é tornar reais as suas próprias ambições sem deixar de apoiar quem está a seu lado, como faz meu marido. Eu também sabia que queria viajar cada vez menos e ficar mais tempo por perto. A culpa não estava me ajudando a alcançar essas metas.

A vida não é uma proposição

É possível ter uma carreira bem-sucedida e ser uma ótima mãe. Você pode mirar outros alvos e ainda assim ser grata por seu sucesso. Você pode ter um casamento feliz e desejar uma vida sexual melhor. Você pode estar deprimido e correr uma maratona. Somos seres complexos, cheios de camadas. Você precisa apenas parar de se atormentar por causa da culpa, identificar o que quer e dar a si mesmo um *high five* em cada etapa do caminho enquanto se esforça para ter seus propósitos realizados.

Você não precisa viajar 100 dias por ano. Nem trabalhar longe de casa. É possível estar fisicamente presente e envolvido em cada aspecto da vida de seus filhos ou dos últimos anos de vida de seus pais idosos. Sempre que a culpa o impedir de realizar o que deseja, pare de ficar decepcionado e magoado por antecipação e encare a situação. Sentir-se mal não ajuda ninguém a mudar. Seja sincero tanto sobre o que deseja quanto sobre o apoio de que precisa.

Refleti muito a respeito disso depois de conhecer um grupo de executivas que queria muitas coisas, mas que desistiu no momento de agir. Vou apresentar aqui o hábito simples que propus a elas: usar as dores da culpa em benefício próprio. É a maneira mais fácil e eficiente de enfraquecer a culpa destrutiva que está impedindo você de mudar e se permitir fazer o que o deixa feliz.

Pare de se desculpar

Quando você sente culpa destrutiva, acaba dizendo "Sinto muito" ou "Desculpe" muitas vezes. Pare de se desculpar e comece a dizer *Obrigado*. Veja o porquê:

1. Pedir desculpas é irritante.

Aposto que você tem amigos que agem desse modo. Eu, por exemplo, tenho uma pessoa muito querida em minha vida que luta contra a culpa. Essa característica é nítida em determinadas pessoas porque elas estão sempre se desculpando: "Desculpe-me por pedir uma carona. Lamento se fiz você se desviar do seu caminho. Desculpe-me por pedir que faça esse favor para mim. Desculpe-me por incomodá-lo. Sinto muito ser vegano, você não precisava preparar algo especial para mim, eu poderia comer o guardanapo."

Tantos pedidos de desculpas sempre me incomodaram e finalmente entendi a razão. Quando alguém está se desculpando o tempo todo, tudo gira em torno dele. É uma forma de ser tranquilizado. E esse é o problema da culpa: é sobre *você*. Você tem a sensação de que está fazendo algo errado ou afastando as pessoas por se sentir "culpado". O pedido de desculpas é uma tentativa de ouvir que está "tudo bem".

2. *Quando você diz "Obrigado", inunda de amor e reconhecimento as pessoas que o apoiam.*

O fato é que as pessoas querem ajudar, mas gostariam que você parasse de se desculpar e se concentrasse em si mesmo, começando a dizer o que todo mundo quer ouvir: *obrigado*. Portanto, na próxima vez que sua mãe preparar uma refeição vegana, encher a geladeira com leite de aveia, comprar suas rosas favoritas, for buscá-lo no aeroporto ou cuidar do cachorro em sua ausência, não diga "Desculpe dar tanto trabalho", e sim "Obrigado por sempre ser tão atenciosa e prestativa comigo. Eu gosto disso e amo você".

3. *Dizer "Obrigado" é como você recupera o seu poder.*

Agradecer significa colocar o foco na outra pessoa e, ainda mais legal, devolver o poder a você. Significa que você reconhece ter necessidades e que gosta que as pessoas saibam disso e que o ajudem a realizá-las. Depois que começar a ter esse tipo de atitude, você ficará surpreso com a frequência com que precisará agradecer.

Quando você se desculpa, se sente mal, é como se estivesse dizendo que errou ao precisar pedir ajuda ou apoio. Se você fez, de fato, algo errado, então diga ao outro. Mas pense bem: fazer o que é melhor para você não é errado. Quando você agradece, está celebrando o outro por estar presente e por poder apoiá-lo. Você está reconhecendo que merece ser celebrado e encorajado.

Parei de dizer ao Chris e aos meus filhos que lamentava ter viajado tantas vezes por conta do trabalho. Em vez disso, comecei a agradecer: "Obrigada por seu amor e apoio. Essa é a razão pela qual posso fazer o que faço. Obrigada por me ajudar a realizar os meus sonhos." Depois, contava algo legal que havia acontecido naquele dia para que eles se sentissem conectados com meu trabalho e seu impacto na nossa vida. Reconhecer o amor e o apoio que recebia de minha família expandiu minhas possibilidades de uma forma que nunca imaginei.

4. *"Obrigado" é um* high five.

Quando você diz obrigado, compartilha a celebração das pessoas em sua vida.

Há outro benefício: você estabelece um padrão de atitude *high five* para seus filhos

Adivinha quem me mostrou como é buscar a realização dos sonhos sem pedir desculpas? Minha mãe. Adoro contar essa história lendária de como minha mãe lutou – a seu modo – para conquistar o que queria.

Era o verão de 1981, e minha mãe e sua melhor amiga Susie decidiram abrir uma loja no centro de Muskegon, Michigan. Elas precisavam de capital de giro, então procuraram o pequeno banco local da cidade, onde ambas eram clientes, e pediram um empréstimo de 10 mil dólares. Estavam animadas porque tinham acabado de assinar o contrato de aluguel da loja e estavam planejando ir à feira de presentes em Chicago para comprar o estoque. Quando se sentaram para conversar com o gerente do banco, ele analisou o histórico financeiro das duas e concordou em aprovar o empréstimo... desde que seus maridos também assinassem o contrato.

Sem perder a deixa, mamãe salientou que ela não apenas tinha uma conta pessoal, como outra conta conjunta com o marido e que era titular da escritura da casa em que vivia – que, aliás, serviria de garantia para o empréstimo. O gerente do banco insistiu na assinatura do marido. Minha mãe não sentiu um pingo de culpa. Levantou-se, foi até o caixa, fechou todas as contas que tinha naquele banco e foi embora. Depois, conseguiu o empréstimo em outro banco. Dá-lhe, mãe!

Isso me lembra que a primeira lealdade que você tem é para com você mesmo. Não com o banco, a/o esposa/marido, o filho ou seus pais. E quanto mais rapidamente você se colocar em primeiro lugar, mais rapidamente ensinará a todos ao seu redor como fazer isso. Meu SAR agora me apresenta todos os tipos de prova de que não há motivo para eu me sentir culpada por perseguir meus sonhos enquanto Chris busca os dele. Em vez disso, sinto-me feliz. Não vejo mais evidências de que "sou uma mãe desleixada". E constato que meus filhos estão correndo atrás de seus objetivos, assim como o pai deles e eu.

É fácil esquecer como é bom ajudar os outros. Agradecer as pessoas que o apoiam é um modo de honrá-las e fazê-las se sentir bem. Portanto, demonstre um pouco de amor por você mesmo e por quem faz parte de sua jornada. Viva de verdade. Permita que as pessoas sintam o que sentem e encha-as de apreço. É assim que você se livra da culpa em nome de uma vida *high five*.

CAPÍTULO 10

Que tal se eu começar... amanhã?

Quando você se preocupa com a possibilidade de falhar ou está com medo de começar algo, diga a si mesmo o seguinte:

Ainda não estou pronto. Não é o momento. Quer dizer, talvez possa ser o momento certo, mas não parece ser o momento perfeito... Quer saber? Preciso de algumas horas para fazer isso e é melhor não começar agora, já que não tenho duas horas disponíveis... Talvez apenas esvazie o lava-louça, coloque a roupa suja na máquina, organize a mesa e, ah, empurre as cutículas e tire a sujeira acumulada no umbigo antes de começar. Prometo que vou fazer isso esta tarde. Não, talvez esta noite. Amanhã? Semana que vem... mês que vem... ano que vem. Talvez encha outra máquina de lavar roupa antes... Acho que preciso depilar as sobrancelhas.

É esse tipo de pensamento que passa pela minha cabeça, talvez pela sua também.

Agora você conhecerá a história de Eduardo. Como a maioria das pessoas, ele tem um sonho ambicioso. E como a maioria das pessoas, ele está adiando o grande sonho porque ainda não se sente pronto. É como se ele andasse em círculos dentro de sua própria cabeça. E se pudéssemos entrar nela (o que fiz durante uma viagem de Uber), encontraríamos mais ou menos o seguinte:

Meu plano de ser um ator famoso é inspirador e incrível... mas neste momento eu preciso pagar o aluguel. Estou ganhando um bom dinheiro neste trabalho, então não posso desistir. Preciso ser realista, certo? Sim. Vou continuar dirigindo este Uber até sentir que está na hora de me lançar na cena artística. Talvez algum grande produtor entre no meu carro e transforme o meu sonho em realidade. Essa é uma ótima ideia! Quer dizer, não é de fato uma ideia, é mais um plano. Meu único plano. Correr atrás do meu sonho não é algo que eu possa fazer agora... Tenho contas para pagar. Mas vou realizá-lo. É uma questão de tempo. Um dia vou ser muito famoso. Não será hoje. Talvez no mês que vem... ano que vem... Não se trata de estar com medo ou algo do tipo. Só não é o momento certo... Além disso, tenho outra máquina cheia de roupas para lavar.

A procrastinação e o perfeccionismo são os dois desmancha- -prazeres mais poderosos que existem. Estão longe de ser moti- vadores. Em termos de energia, estão mais para *de jeito nenhum*. Eles lentamente sufocam as ambições até que um dia você acor- da desapontado e ressentido quando percebe que nem *sequer começou*. Primeiro, vamos esclarecer uma coisa: você não é um procrastinador, um perfeccionista ou uma pessoa que analisa e pensa demais.

Você só está com medo

Quando você se flagra procrastinando ou tentando ser perfeito, precisa inverter a paralisia mental e fazer algum progresso físico, sob pena de ficar pensando em círculos ou, como no caso do Eduardo, dirigindo em círculos durante anos.

"Estou lutando mais pelos sonhos dele do que ele mesmo"

Há dois anos desembarquei no aeroporto de Dallas e chamei um Uber. Mal tive tempo de dizer oi para o motorista e o meu celular tocou. Era um dos executivos da Sony para conversar sobre o lançamento do meu *talk show*.

Quando desliguei, Eduardo disse:

– Não acredito que você está no meu carro. Preciso falar com você.

Respondi que tudo bem e perguntei:

– Sobre o que você quer conversar?

– Você parece ser uma pessoa muito legal – disse ele. – Acho que pode me ajudar.

– Muito gentil da sua parte dizer que sou uma pessoa legal. Se eu puder ajudá-lo, conte comigo. Do que você precisa?

– Quero saber como me tornar um ator vencedor do Oscar que criará oportunidades para homens negros e latinos de bairros degradados que querem ser atores.

– Adorei isso – comentei, e imediatamente perguntei a coisa mais óbvia que me veio à cabeça: – Então porque você está em Dallas? Se atuar é o jogo que você quer jogar, você *tem* que ir para Nova York ou Los Angeles.

Ele parou.

– Certo...

– Quantos anos você tem?

– Vinte e cinco.

– Legal. Você tem duas opções – retruquei. – Ou fica em Dallas ou se muda para onde as coisas acontecem. E se você está com 25 anos, vou presumir que, exatamente como eu aos 25, não tem casa própria, não é casado, não tem todas as obrigações que a cinquentona Mel Robbins tem. Então, você não tem nada que o prenda aqui. Depois de me deixar no meu destino, deveria avisar que vai parar de trabalhar em duas semanas e se mudar para Nova York ou Los Angeles.

– Mas eu só tenho 700 dólares na conta – respondeu ele.

– Setecentos dólares – repeti. – Excelente. Isso vai levá-lo até lá. Você está indo para onde? Los Angeles ou Nova York?

Ele fez uma pausa e disse:

– Tenho uma amiga em Los Angeles. O marido dela é designer gráfico em sets de filmagem.

– É para lá que você vai. Essa é a sua chance. Se 700 dólares o levam até lá, por que você não dirige Uber lá em Los Angeles? Ligue para sua amiga e diga: "Preciso me mudar para Los Angeles e parar de adiar o meu sonho. Posso dormir no seu sofá por algumas semanas enquanto me arranjo?" Na pior das hipóteses, você gasta os 700 dólares, não consegue arranjar nada para fazer e volta para cá, mas com ainda mais gana para fazer acontecer e achar a sua turma em Dallas. Você tem que pelo menos tentar, porque não há nada pior do que se arrepender. E não se mudar para a Califórnia será algo de que você vai se arrepender pelo resto da vida.

– Entendi. Bom conselho.

– Espero que você faça mais do que apenas entender. Espero que pegue essa bola que eu lancei e corra.

Ele riu. Esta é a parte da conversa em que comecei a pensar *Por que ele está rindo? Isso não é engraçado. É triste. Estou lutando mais pelos sonhos dele do que ele mesmo.*

Sua inação está torturando você

Faço coaching há uma década e posso afirmar que existem dois tipos de pessoas: as que veem obstáculos e as que veem oportunidades.

A atitude *high five* é orientada para a ação e identifica oportunidades. Melhor ainda, *gera* oportunidades. É preciso dizer que em situações como essa que vivi é mais fácil ficar sentada no banco de trás identificando as oportunidades para alguém como Eduardo e ser irritantemente positiva enquanto ele não vê nada além dos obstáculos que atrapalham o seu caminho. A mágica do SAR é que vemos a mesma coisa: 700 dólares e um sonho. Para mim, isso significa *Vamos lá*. Para Eduardo, *Não dá*.

É por isso que você pode dizer em poucos minutos se alguém é bom de papo ou se parte para a ação. Não tem nada a ver com a convicção da pessoa e tudo a ver com o SAR dela. Ou ela está falando sobre os obstáculos, como ter apenas 700 dólares, ou está vislumbrando as oportunidades, como ter uma amiga que mora em Los Angeles e que pode hospedá-lo por um tempo.

Na conversa com Eduardo, eu sou a pessoa com uma atitude *high five*, enquanto ele só consegue falar do que está atrapalhando a realização de seu sonho. É por isso que o SAR dele está bloqueado. Quando Eduardo me conta qual é seu objetivo de vida, minha atitude é totalmente *high five*. Eduardo, por outro lado, tem muita negatividade acumulada a partir de seu passado. Ele vem dizendo a si mesmo que nunca conseguirá ser ator, que o cérebro dele se programou para identificar as razões pelas quais ele não pode agir e alcançar essa meta. O sonho está por um fio por causa do raciocínio dele. Eduardo precisa adotar o hábito de dar *high five*.

Não se trata apenas de um motorista de Uber de 25 anos com medo de se mudar para a Califórnia. Já treinei milhares de pessoas individualmente, conversei com centenas de convidados em meu programa na TV, leio diariamente as cartas escritas por minha comunidade on-line. Se você está se perguntando por que Eduardo está tão bloqueado, eis a resposta: pelas mesmas razões que você.

Querer demais alguma coisa pode ser assustador

É por essa razão que você pensa nisso o dia todo, mas de uma distância segura. Você observa, com expectativa, mas não ousa se mover na direção de seus sonhos. É tudo muito doloroso. Eu sei. Eu era assim. Posso vender qualquer coisa para qualquer pessoa porque sou bastante convincente. Durante muitos anos era tudo que eu conseguia fazer porque ainda não tinha entendido como agir quando sentia medo. Era sofrido saber quais eram os meus objetivos e não fazer nada a respeito porque estava paralisada de medo, exatamente como Eduardo. Você acha que está se protegendo ao pensar e procrastinar tanto, mas a verdade é que sua inação é uma tortura.

A chance de mudar sua vida está dentro de você. Aquilo que o assusta pode não ser tão ameaçador quanto se mudar para a Califórnia. Pode ser sentar-se e montar um currículo e uma carta de apresentação depois de passar cinco anos fora do mercado de trabalho por estar cuidando de seus filhos e de seus pais idosos. A mente encara todas as mudanças como ameaças. É por isso que você está com medo de se arriscar.

Ao repetir os detalhes da história de um motorista de Uber que quer ser ator em Hollywood, demonstro que é muito difícil perceber quando se cai na armadilha de pensar obsessivamente. Parece seguro permanecer onde se está. Garanto que, ao ler a história de Eduardo, você perceberá como ele se contém. É fácil ver quando outra pessoa está tomando esse tipo de atitude, da mesma forma que é fácil ver quando alguém que você ama tem problemas de autoestima e insegurança. O segredo é a superação.

Você e Eduardo precisam
inverter as crenças

Deixe que eu prove o que estou dizendo: pare de ler por um segundo e pense em algo que você quer mudar, experimentar ou fazer em sua vida.

Fale em voz alta.

Talvez seja algo de que você desistiu há muito tempo, mas ainda está presente num cantinho de sua mente, como o desejo do meu pai de fazer a Trilha dos Apalaches, um sonho desde os seus tempos de escoteiro, quando tinha 18 anos. Talvez seja algo que você tenha curiosidade em fazer ou se sinta atraído por ele, mas não sabe por quê. Você não se deu permissão para desejar e não treinou o seu SAR para identificar oportunidades. Pode ainda nem ter tentado encontrar uma pedra com o formato de coração (peguei você!). Essas ferramentas funcionam apenas quando você as coloca em prática.

Você tem o costume de negar seus sonhos. Mas eliminar esse hábito está mais próximo do que você pensa. Você pode usar a minha cola:

> **Crença limitante atual:** *Não é o momento certo para meus sonhos se tornarem realidade.*
> **Invertendo a crença:** *Se eu trabalhar, posso fazer acontecer.*

Agora, enquanto continua lendo a história de Eduardo, quero que você mantenha o seu sonho bem no centro de sua mente. É ótimo que este livro atraia sua atenção, mas quero fazer algo mais profundo e duradouro. Quero que ele o inspire a agir. Preste atenção porque decidi dar a Eduardo um pouco da minha crença no *high five*, usando um dos truques mentais mais simples que existem:

Tudo tem uma data para começar

Estabelecer um prazo significa que você está falando sério. Uma das coisas mais legais sobre ter o hábito de dar *high five* é dizer "Vamos lá". É como se você dissesse a si mesmo *É para já!* Quando você se olha no espelho e se compromete com um prazo, o jogo tem início – igual ao que acontece a quem está em uma quadra ou em um campo e ouve o apito do juiz. Quando estabelece uma data, você retira a meta de sua mente e a coloca no mundo físico. O sonho e a mudança que você está fazendo se tornam reais.

– Então, quando você vai se mudar? – perguntei a Eduardo.

– Estou pensando em um ou dois anos – respondeu ele.

– O quê? *Você está pensando em um ano?* – praticamente gritei.

– Sim – falou ele.

– Achei que você tivesse entendido meu conselho e que ia se mudar. Um ano? Como assim? Que loucura é essa? – repliquei.

– Isso é loucura? – indagou ele.

– Sim, doido demais. Você tem 25 anos. O que está esperando? Vá embora daqui.

– O problema é que estou dependendo de dinheiro, porque sei que o custo de vida na Califórnia é caro.

– Como você sabe? Você não mora lá. Ligue para sua amiga e pesquise para ter certeza de que é realmente um problema ou não. Basta uma conversa. "Posso ficar na sua casa por algumas semanas? Quero realizar meu sonho de ser ator e só tenho 700 dólares. Não tenho como pagar aluguel. Será que posso dormir em seu sofá?" Depois dessa conversa, você terá sua resposta. Então trate de levantar a bunda do assento e arranjar um trabalho e seguir o seu caminho. É assim que você entra no jogo.

– Está certo.

– Quando irá se mudar?

– O mais rápido possível.

– O mais rápido possível? Me dê um prazo de verdade.

Eduardo ficou desconcertado.

– O que devo dizer?

– Você precisa definir uma data específica para que possa parar de pensar no que vai fazer e começar a agir para que a mudança aconteça. Estabeleça um prazo para você mesmo. Este é o seu sonho, não meu, Eduardo!

Ele hesitou.

– Eduardo, o tempo não para. Você está ficando mais velho a cada dia. Você tem tanta coisa para viver. Não entendo o que está esperando. Estamos em setembro. Assuma um compromisso com você mesmo, e *não comigo*, que irá se mudar em 1º de outubro. Isso lhe dá três semanas para se preparar. E se eu chamar um Uber em Dallas e for você na direção... você está ferrado, Eduardo. Você pode desistir de si mesmo, mas eu não desisto. Não quando se trata de sonhos. Você tem até 1º de outubro, meu jovem.

Agora estou falando com você

Talvez o problema resida no fato de que você está se forçando a arrancar o curativo da "ferida" apenas. Talvez a sua intransigência esteja mantendo você imobilizado, sem energia para agir. Experimente se autoestimular estipulando um tempo para começar. Para se preparar. Para realizar microações todos os dias. Pense em algo que você deseja muito mudar.

Pode ser dar um *up* em seu casamento, começar a praticar exercícios físicos, mudar de emprego, embarcar em um projeto que está adiando ou reinventar a sua vida. Agora, estabeleça um prazo para o início do jogo. O prazo cria uma certeza de que você vai mesmo pôr o desejo em prática, para além de dar algo mais para você se concentrar: a preparação.

Uma das minhas filhas usou esse recurso para controlar o medo de estudar novamente depois de voltar para casa por causa da ansiedade. Ela disse: "Acho que por muito tempo não me senti preparada para retornar à escola. Para me forçar a fazer essa mudança, decidi estabelecer um prazo não muito distante. Então, iniciei uma rotina, mantive certa regularidade, organizei minhas aulas, de modo que, quando o prazo acabou, eu já tinha incorporado todos esses hábitos saudáveis em vez de me precipitar e tentar voltar antes de me sentir confiante no que estou fazendo. Assim, o retorno foi como se eu tivesse apenas trocado de escola, e não feito uma mudança completa do padrão mental."

Ao definir uma data num futuro próximo, você assume o controle de seu dia a dia, e é esse controle que o faz se sentir mais forte. E o mais importante: você obtém "uma pista para decolar". O que isso quer dizer? Você dá a si mesmo tempo e espaço para ganhar impulso enquanto dá pequenos passos diários em direção à meta. Você se prepara para o sucesso. Minha dica é que você use essa pista, esse tempo razoável, para começar a praticar mudanças diárias que o preparam para o que está por vir. Dar a si mesmo um *high five* é uma dessas mudanças que sustentam a decisão de fazer opções mais corajosas na vida.

Se você tem evitado uma grande mudança porque está com medo, estipule um prazo. Sugiro daqui a três semanas. É tempo suficiente para montar um miniplano do que você pretende fazer ao longo desse tempo, praticando as pequenas mudanças todos os dias, de modo que você possa decolar com a força e a velocidade de um 747 quando o prazo terminar.

Perguntei novamente a Eduardo se ele estava pronto para se mudar para Los Angeles em três semanas, no dia 1º de outubro.

– Sim – respondeu ele.

Tinha algo no jeito de ele dizer "Sim" que me incomodou. Foi como se não houvesse emoção em sua voz. Então, eu disse:

– Sabe, não é o meu sonho, então por que diabos sou eu que estou lutando para realizá-lo, Eduardo?

– Sim, esse é o meu sonho. Sei que vou conseguir.

A voz dele tremeu. Algo dentro dele mudou. Ele começou a enxugar o rosto e a sufocar as lágrimas.

– Sei que você consegue. Tem apenas que tomar a decisão e ir em frente. Você tem que parar de idealizar e partir para a ação. Porque este emprego em Dallas estará à sua espera se você decidir que a Califórnia não é para você. Se você detestar Hollywood, volte para casa. Se não gostar de lá, sempre pode tentar algo diferente.

E então as lágrimas escorreram

É isso que acontece quando você para de pensar demais. Ao eliminar o bloqueio e deixar que a inspiração, a esperança e os sonhos fluam livremente, a sensação é de alívio emocional. É catártico. O que aconteceu na cabeça de Eduardo foi que por um segundo todas as desculpas foram apagadas. Com os pensamentos claros e livres, e com uma atitude *high five*, ele conseguiu se imaginar na Califórnia. Pôde se ver trabalhando duro, dormindo em sofás, fazendo testes. Conseguiu se ver como ator. Chegou a se ver ganhando um Oscar. Pôde se ver como a pessoa que sempre quis ser.

Quando você se permite sentir quanto deseja realizar um sonho, a sensação é avassaladora. Pode ser uma onda de calor inundando o corpo, pode ser um formigamento por toda a pele, pode ser o mundo ao seu redor se tornar, de repente, silencioso. Quando o momento chega, e você percebe que o sonho é de fato uma possibilidade, e que você é a única pessoa impedindo de se dar uma chance, pode ser que você chore como Eduardo chorou. Lembre-se de que, assim que eu pedi que você pensasse num sonho pessoal, você deveria repetir o desejo em voz alta. Agora, quero que você faça uma pausa, e permita-se *sentir* quanto você quer realizá-lo. E quanto merece que ele se torne realidade.

Pergunte a si mesmo: "Como eu quero que minha vida seja?" Depois, pare um momento e visualize a cena. Imagine-se trabalhando para que isso aconteça. Quando você se permite sentir a mudança que deseja, ela se torna real. Quando você se prepara, significa que se permitiu acreditar que é possível. Você teve esperança. E então se deu conta de que tem uma escolha.

É justamente isso que as lágrimas revelam, é a confiança interior dizendo *Você é capaz. Você consegue fazer!* E provavelmente foi honesto sobre com que frequência desistiu de si mesmo. Há somente um modo de mudar essa percepção: correr riscos. Você precisa se arriscar, apostar em si mesmo para ir em frente. Se refletir a respeito disso, verá que é exatamente o significado do *high five*: *arrisque-se, vamos lá.*

Eu disse a Eduardo: "Todos os dias extras que você passar em Dallas, não fazendo outra coisa a não ser pensar, vão produzir a ideia de fracasso. O medo está vencendo. Você não está neste planeta para levar as pessoas de carro de um lado para outro. Você é um ator e sabe disso. O trabalho de motorista é uma forma de ganhar dinheiro agora, mas não é sua vocação. Faça as duas coisas. Dirija e atue. Mas você não está atuando, é por isso que se sente tão perdido. Você se afastou do caminho para o qual está destinado. Está desconectado de si mesmo. Não está apenas ignorando sua vocação, mas contestando a ideia em sua cabeça.

"Todo dia que você diz a si mesmo que precisa esperar mais um ano, o cérebro acredita nesse plano e faz diminuir as chances de você se arriscar, porque haverá cada vez mais razões para não ir. Quando se der conta, estará com 31 anos, depois com 47 anos, e ainda estará aqui, em Dallas. Nesse tempo todo se sentirá um fracassado, porque tudo o que você fez foi pensar sobre as razões que o impediram de ter o que mais queria na vida. Imagine o que aconteceria se você aprendesse a se motivar a ir para Los Angeles em vez de ficar em Dallas.

"Portanto, Eduardo, você precisa começar a treinar a mente para localizar todas as oportunidades que estão bem na sua frente em vez dos obstáculos. Você consegue me dizer algo que tenha acontecido hoje e seja uma evidência de que você deve se mudar para a Califórnia?"

As oportunidades estão bem à sua frente

Vamos treinar sua mente para parar de procurar obstáculos e começar a identificar oportunidades. É fácil. Basta anotar as coincidências, os sinais, as evidências. Vou dar a mesma dica para o Eduardo. Este exercício se baseia no jogo "Procure por corações" que você vem buscando já há algum tempo. A diferença é que agora vamos deixar a mente nos ajudar a conseguir o que desejamos.

Você já viajou de carro alguma vez? Imagine que você está indo para uma cidade x e, ao entrar na estrada, logo passa pelo marco do quilômetro 643. Logo você passa por outra placa indicando que seu destino está a 523 quilômetros de distância. Depois, a distância diminui para 346 quilômetros, e então você está mais perto da cidade aonde quer ir, a apenas 120 quilômetros. Essas marcações são pontos de orientação para avisá-lo de que você está no caminho certo e para registrar seu progresso. Você pode encontrar marcos de quilometragem todos os dias em sua vida: eles estão em tudo que o rodeia e ajudam a fazer a contagem regressiva da distância entre você e seus objetivos.

Neste momento, seu SAR está bloqueando todas as evidências à sua frente. Manter um diário e anotar os "sinais" que apontam na direção de seus sonhos muda o seu SAR e o ajuda a ganhar autoconfiança mais rapidamente.

Dei a seguinte dica para Eduardo:

"Quero que você compre um caderno, um bloco e um diário. Mantenha tudo sempre à mão para que, ao identificar alguma evidência, um sinal, uma coincidência ou alguma explicação positiva sobre o porquê de você se mudar para a Califórnia, possa anotar no caderno. Quero que você entre em um jogo para fingir que o universo está deixando pistas em todos os lugares e para encorajá-lo a ir para a Califórnia."

Anotações treinam o seu SAR

As anotações ativam o chamado Efeito Zeigarnik – sobrenome de Bluma Zeigarnik, a psicóloga lituano-soviética que estabeleceu que as atividades interrompidas ou inacabadas geram uma sensação tão perturbadora que logo são lembradas. Então, sempre que você escreve algo que vê como um sinal ou evidência de algo que o incentiva na direção de seu objetivo, está treinando e reformulando seu SAR em tempo real.

É um hábito que tem por base a busca de objetos com o formato de coração. Quando você diz à mente para procurar no ambiente ao seu redor coisas ou objetos nesse formato, promove uma flexibilidade mental. Quando você mantém um caderno ou diário e se compromete a anotar qualquer "sinal" que tiver relação com seu objetivo maior na vida, está levando a flexibilidade mental e o treinamento da mente a um nível mais avançado.

Durante a minha conversa com Eduardo, eu perguntei:

– Então, me conte: quando você vai se mudar?

– Em 1º de outubro – disse ele.

– Excelente. Agora sim está com jeito de um homem com uma missão. Coloque seu plano em ação e mude-se em 1º de outubro, ok?

– Claro – respondeu ele.

Ao ler sobre a conversa, é provável que você esteja identificando com clareza o que Eduardo deve fazer. Pode até gritar com ele como eu fiz: "Mude-se para a Califórnia! Qual é o seu problema?" Mas o que é óbvio para pessoas "de fora" costuma ser mais difícil de compreender para quem está do lado "de dentro" – quem está vivendo o dilema na própria pele. Lembra-se da história da minha filha que se achava a mais feia do bar? Você e eu temos facilidade em perceber que ela estava bloqueada por uma crença limitadora. Mas é difícil reconhecer os próprios bloqueios.

É a sua vez

Então, quero que você comece a brincar com seu SAR. No momento, ele está focado nos obstáculos que estão em seu caminho (*sem tempo, sem dinheiro, sem saber por onde começar, sou culpado, estou preocupado, sinto-me uma fraude porque nunca fiz isso antes*).

Vamos apagar todos esses pensamentos ruins. Primeiro, comprometa-se a dar um *high five* a si mesmo durante cinco dias no desafio High5Challenge.com. Mesmo que já tenha feito isso, que tal fazer novamente, desta vez comigo torcendo por você com um objetivo em mente?

Depois, estabeleça um prazo. Daqui a três semanas, por exemplo, inscreva-se na academia de ginástica. Marque uma sessão com um terapeuta. Na sequência, peça demissão, dê um fim àquele relacionamento desgastado, ligue para um corretor de imóveis e peça que ele o ajude a achar um novo apartamento, comece a escrever o sonhado romance. Crie um hábito. Ao longo das próximas três semanas, faça um plano e comece a se preparar. Todos os dias, cumprimente-se com um *high five* e dê um passo de cada vez na fase de preparação.

Para quem você poderia ligar? Quais e-mails poderia enviar? Quais riscos você poderia correr e que tem evitado? A quem poderia pedir ajuda ou conselho? Se você não sabe fazer algo, será que há livros, blogs ou vídeos no YouTube que possam ajudá-lo?

Por fim, pegue um caderno e treine seu SAR todos os dias a procurar evidências, sinais e sinergias que indicam que trabalhar nesse projeto é a coisa certa a fazer. Transforme o processo num jogo e anote todas as evidências de que seus sonhos estão vivos e enviando avisos para você.

É um sinal

De volta à conversa com Eduardo, ele sabia que o nosso encontro casual era um sinal de que ele deveria levar o sonho a sério. "Quando se trata do seu futuro, eu sou a coisa mais próxima daquele agente que você sonha em conhecer. Trabalho em Hollywood, Eduardo. Tenho um *talk show*. Então, vou ser sincera. Ninguém vai descobrir você. Aposto que você tem a fantasia de que um dia pegará um passageiro no aeroporto de Dallas que, por ser agente em Hollywood, magicamente vai dar a chance que você tanto deseja. Desculpe, mas isso não vai acontecer. O universo me colocou aqui, é por isso que você está levando um chute na bunda e ouvindo a verdade nua e crua."

E continuei: "Você acha que não vai se magoar enquanto estiver sentado atrás desse volante. É aí que você se engana, porque todos os dias que você acordar aqui em Dallas, ligar o carro, levar as pessoas pela cidade e pensar em seu sonho, você estará morrendo lentamente por dentro. Seu espírito estará sufocando. Todas essas ideias, toda essa espera e toda essa crítica... essas coisas estão matando você."

E disse mais: "Não importa quão bom ator você é se nunca sair de Dallas. Portanto, arrisque-se e vá para a Califórnia. Não importa quão engraçado ou talentoso você é se não entrar no jogo. O jogo não tem a ver com atuar. Tem a ver com se exibir, ouvir nãos e mesmo assim se exibir mais uma vez, e depois outra. Esse é o verdadeiro trabalho do ator. É agora ou nunca. Mexa-se. Você quer participar desse jogo?"

Eduardo respondeu: "Quero participar desse jogo."

Ótimo.

"Quero participar desse jogo", repetiu ele, animado. "Estou pedindo demissão e me mudando para Los Angeles."

"Agradeça-me quando ganhar o Oscar, daqui a 10 dez anos", respondi.

"Combinado. Essa é a parte maluca. Sou o tipo de pessoa que vai se lembrar dessa conversa", comentou.

"É bom mesmo você me agradecer, porque também vou me lembrar da nossa conversa", brinquei.

Alguns minutos depois, chegamos ao hotel. Dei um abraço nele e acenei, me despedindo, enquanto entrava no saguão. A única coisa que impedia Eduardo de buscar a realização de seus sonhos era ele mesmo. E você está fazendo a mesma coisa.

Como essa conversa emocionante aconteceu há dois anos, você deve se perguntar: será que ele se mudou? Não sei. É provável que não, talvez sim, mas esse não é o ponto. Eu conto essa história para mostrar que fazemos escolhas todos os dias. Podemos seguir na direção de nossos sonhos ou argumentar contra eles. Resistir ao desejo interior e dizer a nós mesmos que *Isso nunca vai acontecer comigo* gera muita tensão na vida.

O propósito da história de Eduardo é mostrar que existe algo destinado a cada um de nós e que só descobrimos o que é quando permitimos que os sonhos nos ajudem a superar os medos. Para cada sonho que vale a pena perseguir, as probabilidades estão contra você. E não importa que as chances sejam pequenas porque você se arrependeria pelo resto da vida se optasse pelo que é seguro em vez de apostar na realização do sonho, seja qual for. Aprendi da maneira mais difícil que ter coragem de correr atrás dos objetivos é mais importante do que realizá-los. Afinal, é a tentativa que honra o que está dentro de cada um de nós.

É por isso que não importa o que vai acontecer quando Eduardo chegar a Los Angeles. O importante é ele acreditar em si mesmo e se mudar para lá. O importante é ele confiar em sua capacidade de achar uma solução e desenvolver uma resiliência que só é possível quando se esforça e corre riscos.

O importante neste momento é o que você vai fazer com a história de Eduardo. Todo mundo tem a sua própria versão de "Mudar para a Califórnia". A minha chama-se "Lançar um podcast", e é por isso que consigo entender o sofrimento de Eduardo. Assim que eu lançar o podcast, haverá uma coisa nova que me ocupará o pensamento e terei medo de enfrentar: as pessoas de quem sinto inveja. Tem tudo a ver com medo e inspiração bloqueada, como um pássaro preso em uma gaiola. Somente a ação pode libertar o pássaro. E esse é o jogo da vida. Você também pode entrar e participar.

Fracasso é o que acontece quando desistimos

Acho que o motivo de essa conversa ter acontecido não foi para que Eduardo se mudasse para a Califórnia, mas para que eu pudesse compartilhar com você um exemplo tão claro, visceral e compreensível que deixaria todo mundo triste e furioso por ele não se mudar. Talvez conhecer a relutância e o medo de Eduardo seja o que você precisava para reconhecer os seus bloqueios.

Se você se irrita e se frustra com a história de Eduardo como eu, espero que reflita sobre como o medo faz você se reprimir. Não agir é uma decisão. Esperar é uma decisão. Você acha que correr atrás de seus sonhos é arriscado, mas está errado. O maior risco é não agir. Porque, se você fracassar, sempre pode retomar o que estava fazendo antes. E se você fracassar, suas chances de ter sucesso na próxima vez que tentar são duas vezes maiores (o que explica o meu sucesso).

Você é Eduardo. Você tem um sonho no qual pensa o tempo todo: dirigindo o carro, tomando uma chuveirada, sentado na escrivaninha, lendo este livro, lavando a louça ou levando o cachorro para passear. Da mesma forma que Eduardo, você está pensando e esperando pelo momento perfeito ou por alguém que o descubra ou que lhe dê permissão de seguir outro rumo. Você está esperando até que todas as coisas se encaixem. Esperando estar pronto. Mas essa espera está matando seus sonhos.

De quanto tempo você precisa?

Será que você consegue marcar um prazo agora? Nas próximas três semanas, concentre-se no que deseja. Será que você pode pegar um caderno e começar a anotar as evidências do que está destinado a fazer? Será que você consegue visualizar as etapas que o levarão até lá?

Eduardo considerou um sinal eu ter entrado no carro dele, então o fato de você estar segurando este livro também é um sinal de que está na hora de começar a transformar sua vida. A mudança acontece assim que você decide agir. Você pode acordar todos os dias, se olhar no espelho e dar a si mesmo um *high five* de incentivo. Ou pode dizer *Argh* e continuar andando em círculos. Espero que assuma o controle de seu dia a dia, caminhe na direção de seus sonhos e se anime a avançar.

Acredito em você. Acho que é capaz de fazer acontecer, mas tudo está em suas mãos. Sempre é possível arranjar milhões de desculpas para não agir, não sentir vontade e não acreditar em si mesmo.

A única coisa que importa são as ações que você realiza. Quanto maior for sua regularidade, mais rapidamente você começará a acreditar em si mesmo, porque terá a prova de que não é o tipo de pessoa que fica parada e tem pena de si mesma. Não existe a hora ideal, o plano ideal ou o momento ideal. Existe apenas o agora, e esta é a sua hora. Mas o tempo está passando. Enquanto você dirige por aí levando e trazendo pessoas e pensa na vida que gostaria de ter, esse sonho fica cada vez mais para trás. Ele não está abandonando você, mas está começando a assombrá-lo.

Você é responsável por seus sonhos. Ninguém virá ajudá-lo.

Se estiver estagnado em Dallas, sonhando em ser ator e esperando que um agente dos estúdios de Hollywood o descubra, saiba que ninguém o descobrirá.

Se estiver deitado em seu sofá em Londres, esperando que alguém marque um encontro com você, saiba que ninguém marcará.

Se estiver pensando em expandir os negócios em Sydney e achar que o primeiro cliente aparecerá magicamente e comprará cosméticos de você, saiba que isso não acontecerá.

Se quiser um futuro diferente, aja para que aconteça. Não importa quanto está assustado, basta começar. Acorde todos os dias e dê *high five* à pessoa que você vê no espelho. Depois, estabeleça um prazo e vá em frente.

CAPÍTULO 11

Você gosta de mim?

Buscar a aprovação dos outros o deixa infeliz. Você vem tentando se enturmar desde o ensino fundamental. Eu também. Que tal entrarmos num acordo? Que tal pararmos de querer ser "um deles" e ser apenas *nós mesmos*? Que tal pararmos de dar importância para a pergunta incômoda: *Se eu fizer isso, usar isso ou dizer aquilo, você ainda gostará de mim?* (Ou, como na minha vida amorosa, *O que preciso fazer para você gostar de mim?*).

Quando você é adulto, a única opinião que importa é a sua. Você já ouviu isso antes e estou repetindo porque é difícil abandonar o hábito de buscar a aprovação dos outros.

Se os pensamentos forem um pouco parecidos com os meus, devem soar como as frases a seguir:

Você gosta de corridas de Fórmula 1? Eu também... Sim, tomo outra cerveja se todo mundo também tomar... Acho que é melhor esperar um ou dois meses para usar meu cabelo ao natural neste ambiente corporativo... Não gosto da vida em república de estudantes, então por que estou me candidatando de novo?... Se eu não tiver um jeans, tênis ou bolsa dessa marca, vou me sentir muito ridícula... Só mais uma camada de base e pó bronzeador para ficar parecida com as minhas amigas...

Por que somos tão inseguros?

A culpa é da vida. Assim que você entra na escola, o principal objetivo é integrar-se ao grupo. Não se trata apenas de uma questão social, às vezes é uma questão de sobrevivência. Todos nós já passamos pela experiência de ser aquela criança no refeitório que gostaria de se sentar para almoçar com um determinado grupo. Se ao menos fizesse parte daquele grupo de meninas, se ao menos fosse rico o bastante, se tivesse roupas melhores, se fosse mais parecido com todos ao seu redor. Se ao menos fizesse parte do time de futebol ou do elenco do musical ou tivesse entrado na lista dos melhores alunos. Se ao menos fosse mais alto, mais moreno, menos isso, mais aquilo. Se ao menos tivesse nascido inteligente ou atlético ou se tivesse o discurso perfeito. Neste caso, estaria bem.

É assim que tudo começa. Passamos a ver o mundo pela ótica dos grupos aos quais pertencemos e aos quais não pertencemos. Começamos a nos transformar e a ajustar o que falamos, e como nos sentimos só para sermos aceitos.

É nessa fase que paramos de aceitar o que vemos no espelho e rejeitamos tudo sobre nós: *Os dentes são muito grandes. A pele está toda marcada por espinhas. Sou baixo demais. Sou alto demais. Tenho sardas em demasia. O cabelo é muito crespo.* É então que cometemos o maior erro da nossa vida: decidimos que é melhor sermos aceitos do que sermos nós mesmos.

Todo mundo age desse modo. É a maneira que encontramos de sobreviver à escola na infância. Não tem escapatória. O problema desse padrão é que é replicado no ensino médio. Na faculdade. Na vida profissional. No bairro onde você mora. Na vida adulta como um todo. Você diz a si mesmo que é mais fácil ser como as outras pessoas. Arranjar um emprego, ser promovido, casar-se, adotar um cachorro, comprar uma casa, ter filhos, inscrever-se no time de futebol da cidade. Adequar-se na infância acaba se tornando, na idade adulta, a busca de ter tudo o que os outros da mesma classe social têm.

Não estou tentando alertar apenas sobre o hábito de você olhar ao redor e analisar onde você se encaixa. Estou dizendo que, às vezes, as experiências de vida fazem você se sentir totalmente inadequado. Como ter uma mãe que fazia críticas constantes e controlava detalhadamente todos os aspectos de sua vida ou um pai que forçou você a praticar esportes ou a escolher a faculdade de direito quando você preferia ser ator. Pode ser ainda o estresse implacável de viver na pobreza, pertencer a um grupo de amigos que apunhalou você pelas costas, ou enfrentar humilhações constantes por ser a única pessoa negra no escritório. Assim você começa a trocar seus códigos de conduta para se encaixar num local de trabalho que faz você sentir que não merece estar lá.

Seja sutil, seja incutida em sua cabeça, a mensagem significa que *É melhor ser amado do que ser o seu verdadeiro eu, belo e único*. Para você, pode ter sido mais seguro se encaixar ali porque só o fato de ser você mesmo já o coloca em risco. Quando você não se sente integrado, o mundo parece vasto demais. Você começa a se sentir pequeno. E o barulho ao seu redor abafa a voz mais importante de todas – a sua própria voz.

A conexão entre adaptação e ansiedade

Quando a pessoa não consegue ser ela mesma, acaba provocando uma crise de ansiedade, porque não sabe quem deveria ser. Então, analisa permanentemente o ambiente e procura, ao seu redor, pistas sobre como deveria agir e o que dizer. Isso a mantém num estado constante de tensão, a faz questionar e revisar cada movimento que realiza. *Será que essa frase está certa? Será que devo enviar esse texto?*

As mulheres, em especial, enfrentam esse tipo de ansiedade. Há uma razão para tal: as mulheres são treinadas para assumir papéis. Você desempenha o papel da boa filha, da irmã mais nova, da boa estudante, da capitã do time, da melhor amiga, da funcionária confiável. Você sempre se sentiu esgotada para garantir que mamãe estava feliz, papai não estava bravo, a roupa estava "adequada", a resposta na aula "não parecia tola". E quando foi à festa, "você estava nota 10"... aparentemente. Na infância é normal se preocupar se as pessoas gostam ou não de você, mas a pressão para se encaixar e entrar na linha piorou muito desde que você e eu éramos crianças.

Não me fale sobre o baile de formatura

Quando as minhas filhas estavam no ensino médio e com idade suficiente para participar do baile de formatura, fiquei surpresa e zangada ao ver que para elas a tradição era criar um grupo no Facebook quatro ou cinco meses antes do baile, antes mesmo de definirem seus pares. Nesse grupo, elas escolhiam o vestido que iriam comprar e chegavam a reservar os modelos, de modo que ninguém mais comprasse algo parecido. Esse ritual bizarro reforça, para todas as meninas do sistema escolar, a ideia de que você não pode ser você mesma. Não pode sequer comprar o vestido que deseja. A mensagem é clara: existe uma maneira certa de fazer as coisas. E há um vestido certo para usar, porque, Deus me livre, comprar um traje semelhante ao de outra menina seria um desastre total.

Se você romper com esse código social, o sistema escolar inteiro ficará "zangado com você". Ninguém pensa no absurdo embutido nessa hipótese. Minhas filhas me pressionaram tanto, e se autocobraram, para "irmos logo ao shopping" porque o grupo do Facebook estava ficando completo, que em vez de o baile ser uma lembrança gostosa e um rito de passagem para o ensino médio, se transformou numa disputa de gritinhos ansiosos dentro de um provador de loja. Briguei com minha filha porque ela encontrou um vestido perfeito que "já tinha sido reservado" por alguém (que havia reservado também outros dois modelos). Aleguei que "a cor era diferente". Não adiantou. "Não posso fazer isso, pois todas as veteranas vão ficar com raiva de mim", argumentou ela. Tudo isso aconteceu, é preciso relembrar, antes mesmo de ela ter um par.

As duas horas que passamos na loja provavelmente resultarão em cerca de três meses de terapia para ela discutir a minha agressividade. O que vivi em primeira mão era que minha filha tinha muita clareza de que havia um papel que ela deveria desempenhar naquele momento de sua vida. Ela não podia escolher o vestido que quisesse e precisava se encaixar nos critérios estabelecidos por outra pessoa. Toda aquela ansiedade com o vestido (e a maquiagem, o penteado, a manicure, o bronzeado, o aluguel da limusine, a depilação) tinha a ver com desempenhar o papel com perfeição.

Não é de admirar que ninguém saiba como ser fiel a si mesmo. Fomos doutrinados a seguir as regras sociais. E no espaço entre "as regras" e quem você realmente é a ansiedade se instala. Minha filha e suas amigas dizem que estão ansiosas para comprar um vestido para o baile, mas o que as deixa realmente ansiosas é encontrar o seu caminho num mundo com tantas regras.

Todos nós deveríamos refletir sobre uma questão primordial: *Será que gostei do vestido de baile, do penteado, da escolha profissional que fiz?* Essa deveria ser a pergunta certa em vez de pensar se "os outros" gostaram das suas preferências. Imagine a coragem necessária para ser uma caloura no ensino médio e escolher deliberadamente o mesmo vestido que alguém havia "reservado" em uma página imbecil do Facebook. As adolescentes acham que seria um suicídio social.

Já eu acho que é o segredo da vida: fazer o que é melhor para você e deixar as pessoas dizerem o que quiserem.

Porque não importa o que os outros pensam, a única coisa que de fato importa é: você gosta de você?

É capaz de não se preocupar com os sentimentos dos outros?

Se for, é porque se trata de um cretino narcisista. Devemos nos preocupar com as opiniões dos outros, mas não significa que tenhamos que acatar as opiniões deles. Para mudar de vida, é preciso aprender a honrar os seus sentimentos *mais* do que os de qualquer outra pessoa.

Vou além: é preciso dar espaço a quem convive com você para que expresse seus sentimentos, mas não deixar, jamais, que isso o afete. *(Se tiver dificuldades, volte e releia o Capítulo 9 sobre culpa.)* Isto é muito importante porque, se você não consegue se valorizar, buscará aprovação com quem faz parte de sua vida.

Basicamente, fui muitas vezes uma camaleoa, me transformando na pessoa que precisava ser nos relacionamentos, sobretudo nos românticos. Dizia sim para coisas que não queria, mas fingia que gostava de coisas que detestava só para ser aceita (*Olá, fase roqueira!*).

No início, escrevi que dar *high five* dizia respeito a melhorar sua relação com você mesmo – algo fundamental para ser levado a sério, porque serve de base a todos os outros relacionamentos. Se você sentir solidez sobre quem é, agirá com segurança em suas relações. Será capaz de estabelecer limites, de dar espaço às pessoas para que sejam elas mesmas, de pedir o amor e o apoio de que necessita.

Se você se sentir inseguro sobre quem é, vai inserir essa insegurança em todas as interações que tiver.

Tenho uma história para contar

Quando eu tinha 30 anos, mergulhei de cabeça no desenvolvimento pessoal. Foi quando provei *pad thai* pela primeira vez. Não tinha a menor ideia do que estava perdendo. Depois de saber o que é desenvolvimento pessoal, Chris e eu passamos a olhar a vida como um bufê. A partir de então nos inscrevemos em todo tipo de retiro, treinamento ou experiência transformadora que encontrávamos e podíamos bancar.

Aprendemos a meditar e a praticar ioga, treinamos para ser socorristas ambientais, fizemos cursos sobre como ser mais produtivos e nos comunicar melhor. Foi graças a essas experiências com um bando de estranhos com nomes escritos em crachás que descobrimos a nossa turma e tivemos uma conexão mais profunda com nós mesmos e com nosso propósito.

Lembro-me de estar na plateia do programa *Your Best Life*, organizado por Oprah Winfrey há dois anos. O DJ tinha colocado para tocar uma música dançante no Centro de Convenções de Boston, e eu estava de crachá em punho, dançando com milhares de outras mulheres e trocando *high fives* com todo mundo ao meu redor. Quando nos sentamos, a palestrante que subiu ao palco foi Martha Beck, a coach de vida de Oprah. Não tinha ideia de quem era ela, mas assim que começou a falar, todo mundo se aquietou.

Falei para mim mesma: "Quero fazer isso." Não sabia o que significava, mas agora sei que foi ali que decidi me tornar uma coach de vida. Uma das minhas primeiras iniciativas foi contratar alguém para me treinar, e descobri a pessoa perfeita em uma professora adjunta da Faculdade de Administração Sloan, do MIT, que estava dando um curso sobre "design de vida". Como voluntária, eu já fazia seminários para uma empresa voltada para o bem-estar, mas não sabia como começar meu negócio nessa área.

Depois de seis meses me dividindo entre meu emprego, o trabalho de coaching e o trabalho voluntário nos fins de semana com os seminários, a professora disse que eu estava "pronta" para conquistar clientes pagos. Perguntei a ela se era possível ter algum tipo de certificado: "Sabe, um diploma, para mostrar minhas credenciais."

Ela imediatamente respondeu a coisa mais significativa que ouvi do coaching de vida: "Você não precisa de um pedaço de papel para provar sua qualificação, Mel. Você está apenas com medo." Senti minha ansiedade aumentar quando ouvi isso.

"Aqui está o seu dever de casa", disse ela. "Você tem duas semanas para conseguir três clientes pagos. Se um deles disser que não aceitará trabalhar com você a menos que veja algum diploma, compro um 'certificado' numa papelaria e o preencho e assino. Mel, você faz seminários de aperfeiçoamento há anos, é treinada, tem bastante experiência em coaching, é formada em direito e é uma conselheira para intervenção em crises. Você está pronta para treinar outras pessoas. Já está pronta há anos, mas está com medo. Você não precisa de um diploma. Saia já daqui e vá arranjar alguns clientes."

Foi o mesmo tipo de conversa estimulante que tive com Eduardo 15 anos depois, com a diferença de estar na outra posição. Odiei cada minuto da conversa. A professora tinha razão. Eu estava me preparando havia anos e tinha me esforçado muito para realizar meu sonho. A inspiração durou até eu chegar à festa daquela noite e alguém perguntar: "Você trabalha em qual área?"

Respondi: "Sou coach de vida." (*Lembre-se de que essa conversa aconteceu em 2001, quando esse tipo de coaching não era muito conhecido.*)

"Coach de vida? O que faz um coach de vida?"

Gelei. Naquele momento, o desejo de ser aceita bateu forte (*Por favor, goste de mim*). Dava para ver que ele estava pensando no que significariam as palavras *coach de vida*. Lembro que fiquei envergonhada. O pescoço ficou quente e as bochechas vermelhas. Comecei a pensar *Aposto que ele pensa que coach de vida soa como a profissão que a tia adota depois de ficar sóbria ou o que sua colega de quarto de 23 anos faz quando não consegue arrumar um emprego logo após a formatura.*

Se eu tivesse um certificado de papelaria que me intitulasse "coach de vida", eu o teria tirado da bolsa e mostrado ao meu interlocutor. Mas isso não teria acabado com o meu medo. A professora que me treinou estava certa. Eu não precisava de um certificado para provar nada. Já estava arrasada por conta de minhas inseguranças. Seja lá o que for que deixa você inseguro, e independentemente de qual seja seu maior pavor, você irá projetar o medo em cada conversa, silêncio constrangedor ou texto.

Você é o seu próprio juiz

É preciso dizer que suas inseguranças e o falatório negativo sobre si mesmo estão dentro de sua cabeça, e não no julgamento alheio. Qualquer bobagem que você pensa sobre sua personalidade ou seu comportamento o leva a acreditar que os outros também estão reparando e formando juízo a seu respeito. Meu maior medo é que alguém não goste de mim ou desaprove o que estou fazendo. Durante aquela conversa, a coisa mais importante é que meu interlocutor não estava me julgando. Ele estava pensando. Era eu que estava sendo meu próprio árbitro.

Pense: você faz a mesma coisa. Você escuta o seu crítico interior dentro da mente dos outros. Eu não tinha a menor ideia do que meu interlocutor pensava de mim ou da profissão de coach de vida. Sabia apenas que ele parecia pensar em algo e, em momentos de incerteza como aquele, automaticamente projetei meus medos e minhas inseguranças nele. Se você teme que as pessoas o achem muito baixo, muito estridente, pouco atraente, irritante, estranho ou que sua profissão é estúpida, então vai acreditar que é isso que a pessoa pensa. Tem mais: ninguém perde o sono por sua causa. As pessoas estão muito ocupadas lidando com os próprios problemas. Se meu interlocutor fosse tão inseguro quanto eu, sabe o que ele estaria pensando? *Será que eu sou a única pessoa que não sabe o que é um coach de vida?*

Naquele momento de silêncio, achei que ele estava me analisando como uma idiota completa, e que ser "coach de vida" era a coisa mais estúpida que ele já tinha ouvido falar. Significava também que era o que faziam pessoas desempregadas.

A questão é: não acho que coaching seja uma atividade ridícula. É a atividade mais legal do mundo. Isso deveria me bastar, certo? Infelizmente não basta porque o que eu realmente quero é que gostem de mim. Quero ser aceita no mundo do meu interlocutor. É por isso que minha conversa interna começou a ser mais crítica: *Ele acha que é uma coisa estúpida de fazer.*

Adivinha? Eu estava completamente enganada. Não era o que ele estava pensando. Depois de um silêncio constrangedor, ele perguntou: "Para dizer a verdade, nunca ouvi falar de coach de vida. O que você faz de fato?" Quando expliquei que trabalhava com *pessoas bem-sucedidas que se sentem paralisadas*, ele comentou: "Como eu." Ele acabou sendo meu primeiro cliente porque sua mulher estava ao lado e perguntou: "Quanto você cobra? Ele precisa de alguém como você."

A história tem um final positivo, mas já fui julgada e criticada muitas vezes por ser coach de vida. Quando contei a um grupo de amigas sobre meu novo negócio, uma delas se virou e perguntou: "Coach de vida? Por que alguém procuraria você para ser sua coach de vida?" Quando ela percebeu minha expressão de espanto, tentou amenizar o tapa na cara que tinha acabado de me dar: "Não, sério, você não é terapeuta. Como você sabe o que fazer?"

É uma dúvida normal. Quando eliminei as minhas inseguranças, consegui entender por que ela fez tais perguntas. Eu nunca tinha conversado com minhas amigas sobre a paixão que sentia pelo projeto de desenvolvimento pessoal porque tinha medo de ser criticada. Ela não sabia que eu vinha me preparando para ser coach de vida havia quase cinco anos. Conversamos um pouco mais sobre o meu treinamento e o meu processo de trabalho. Alguns meses depois, uma amiga dela da faculdade me procurou. O que eu havia interpretado como um julgamento era apenas uma pergunta, que rendeu uma indicação.

Invertendo as crenças

Conforme você tem mais clareza sobre as mudanças que deseja promover, passará por momentos em que se sentirá preparado para dizer: "Não estou nem aí para as pessoas. Vou pedir demissão, virar coach de vida, usar o vestido de baile, aproveitar o que a vida tem de melhor e fazer o que quiser." *Dane-se o mundo!*

A história de fazer networking e sentir insegurança teve um final feliz, mas buscar a aprovação dos outros vai muito além de usar o vestido de baile certo ou precisar de um diploma de papelaria como validação. A necessidade constante de ser amado, e de que outras pessoas aplaudam suas decisões, leva você a tornar a sua vida uma tremenda confusão e a manter carreira, amizades e casamento insustentáveis.

Crença limitante atual: *O que as pessoas vão pensar?*
Invertendo a crença: *Minha felicidade é mais importante do que o julgamento alheio.*

Basta perguntar a Katherine. Ela entrou em contato comigo lá da Irlanda, onde era uma bem-sucedida executiva na área de publicidade, mas estava infeliz no casamento. "A vida inteira eu fiz o que achava que devia fazer. Cursei a melhor faculdade da Irlanda, peguei o diploma e fui para Londres, onde comecei a namorar e fiquei noiva. Nós não fazíamos bem um ao outro, mas eu estava preocupada em tirar da lista tudo o que devia fazer antes de completar 30 anos."

A situação degringolou rapidamente com o casamento. Ainda assim, ela fez tudo que podia para salvá-lo, inclusive terapia de casal com seis terapeutas diferentes. Katherine descreveu seu casamento como um "divórcio à moda irlandesa". Ou seja: "Meu marido está na Inglaterra e eu voltei para a Irlanda." Ela queria se divorciar, mas nenhuma de suas amigas irlandesas era divorciada, e a perspectiva de que os outros não iriam gostar de sua decisão a paralisava. Quando conversou com a mãe sobre o divórcio, ouviu a seguinte pergunta: "Mas e as coitadinhas das crianças?" *Obrigada, mãe.* O comentário doeu tanto que Katherine aguentou mais dois anos casada.

Por motivos como esse é que a ansiedade está associada à insegurança. Em primeiro lugar, porque a pessoa nunca sabe como agir, já que sua única motivação é se certificar de que não irá incomodar ninguém. Em segundo lugar, porque no fundo ela sabe que não está sendo verdadeira com ela mesma. A mentira gera ansiedade, porque antecipa o enorme acerto de contas que acontece quando a verdade vem à tona. Se você acorda todos os dias e desempenha o papel de boa filha, boa esposa e funcionária dedicada, mas odeia sua realidade, essa não é uma vida *high five*. É a sua própria versão do inferno.

Todos tinham uma opinião sobre quem Katherine deveria ser: sua mãe, suas amigas, a Igreja Católica, a Irlanda. Todos estavam mais à vontade por ela ser casada em vez de ser feliz. Então, durante seis anos ela quis se divorciar, mas manteve seu casamento infeliz. Vivia uma mentira em nome da aprovação dos outros.

A hora da verdade

Katherine conta: "Certa noite, deitada na cama, me ocorreu que estava completamente sozinha, com pontadas agudas devido ao estresse, e nenhuma das pessoas cujas opiniões eu temia estava ali para me consolar. Elas não me ajudavam em nada, então por que eu me importava tanto com o que pensavam?"

Quando foi à sessão de terapia no dia seguinte, a terapeuta pediu que Katherine e seu marido imaginassem suas vidas dali a dois anos. Pediu ainda que eles ficassem separados e disse: "Isso representa a sua vida se você se divorciar." Katherine começou a chorar pensando no que sua mãe e suas amigas iriam pensar.

Depois, a terapeuta pediu que ela atravessasse a sala e ficasse perto do marido. "Imagine daqui a dois anos vocês ainda como um casal." Katherine pensou no que ela queria. Será que ela gostaria de estar ao lado dele por mais dois anos? Ela começou a soluçar histericamente e pediu o divórcio ali mesmo.

Quando você gosta de si mesmo e de sua vida, isso pode aborrecer sua mãe, seus filhos, sua igreja e talvez até mesmo seu país, no caso, a Irlanda. Fazer o que é melhor para você será difícil no começo. Você será alvo de reprovação. Motivo de fofoca. Mas e daí? Sua vida está difícil agora. As pessoas fofocam sobre você agora. Você está infeliz agora. A única coisa que tem a perder é o peso das opiniões dos outros e o péssimo relacionamento ou emprego que o oprimem. Em contrapartida, ganha liberdade, felicidade e, o mais importante, a segurança de saber que você está em primeiro lugar.

Se a história de Katherine está fazendo você repensar algum

aspecto da sua vida, existe um jeito fácil de saber quando é hora de se colocar em primeiro lugar. Quando você não está com vontade de dar um *high five* a seu parceiro, amigo, estilo de vida, trabalho ou situação, é sinal de que está na hora de mudar.

Pergunte a si mesmo, a qualquer momento, se quer dar um *high five*. Se a resposta for não, você tem duas opções: se esforçar para mudar a situação ou pôr um ponto final a fim de abrir espaço para algo novo.

Uma mudança abre possibilidades ilimitadas

Desde o divórcio, a vida de Katherine melhorou em todos os sentidos. Mal terminou o casamento, surgiu uma oportunidade profissional incrível, sem contar que ela comprou uma casa. "Dois anos atrás, a única coisa que me tirava da cama era a necessidade de alimentar, vestir e levar meus filhos à escola. Agora, chegou a hora de cuidar de mim. Todos os dias, assim que acordo, subo na esteira. Estou aprendendo a me colocar em primeiro lugar. Quando olho para trás, penso *Por que não fiz isso antes?*", comenta.

O motivo de não ter tomado todas essas decisões antes é que Katherine não sabia se colocar em primeiro lugar. Como você viu no início deste capítulo, a necessidade de se encaixar e o desejo de aprovação estão tão entranhados nas mentes das pessoas que elas não têm noção de quanto isso controla seu cotidiano.

A mudança sempre começa com algo minúsculo, como acordar todos os dias e dar um *high five* para si mesmo no espelho. Quando você muda a forma como se vê e como se trata, novas possibilidades se abrem para seu futuro. Se você aprender a colocar suas necessidades em primeiro lugar, criará um efeito bola de neve em todas as áreas de seu dia a dia. Como disse Katherine: "Finalmente sinto que estou no comando da minha vida."

CAPÍTULO 12

Como consegui estragar tudo?

Alerta de spoiler: a vida vai testar você.

Quando você trabalha para mudar o seu cotidiano, para alcançar um objetivo ou realizar um sonho, vai deparar com um obstáculo. Sempre. É inevitável. Quer ver alguns exemplos? Você é reprovado no exame de admissão. É demitido do emprego dos sonhos. Fica doente. Escuta milhares de nãos toda vez que conta a alguém sobre sua ideia de negócio, linha de produtos ou manuscrito de livro. Perde a eleição. Ou, no caso da história que estou prestes a lhe contar, comete erro atrás de erro ao tentar lançar seu primeiro livro.

Quando isso acontece comigo, a espiral de pensamentos e emoções negativas me faz querer desistir:

Nada nunca acontece do jeito que quero... Eu sabia que alguma coisa ia acontecer... Então, por que devo continuar fazendo isso?... Parece que estou fracassando... É muito complicado... Fiz do jeito errado... Me sinto tão idiota por achar que ia dar certo... Estou sempre empurrando a pedra montanha acima... Minha professora de álgebra / treinador / ex-mulher / pai tinha razão – nunca vou conseguir nada.

Ok, desisto

A reação a um momento de fracasso separa os vencedores dos perdedores. Não quero ser dura, mas é verdade. Agora quero que você veja a confusão formada e pense *Isso é um bom sinal! Devo estar fazendo algo certo.* Confie em mim. Sei uma ou duas coisas sobre fazer bobagem (veja o Capítulo 14) e compreendo bem qual é a sensação de nada dar certo para você.

Um desastre completo e absoluto

Lancei meu primeiro livro, *O poder dos 5 segundos*, em 2017. Como eu queria arrasar, passei seis meses estudando o que os autores de sucesso fazem e planejando a campanha de marketing em detalhes excruciantes. Criei campanhas de pré-venda, páginas de entrada na internet e funis de marketing de mídia social. No dia do lançamento, enviei para meu mailing os links para a compra do livro on-line – e para minha surpresa milhares de pessoas o compraram. Então, poucas horas depois de enviar o e-mail, comecei a receber respostas:

"Mel, a Amazon está dizendo que o livro está esgotado."

Por um segundo, fiquei superanimada. Achei que todo o estoque de livros havia sido vendido em questão de minutos. Era muito além dos meus sonhos mais selvagens. Mas, à medida que os e-mails continuavam a chegar com reclamações de que o livro estava indisponível, me dei conta de que minha lista não tinha gente suficiente para esgotar a tiragem. Então, algo devia estar errado.

O que sei agora é que, quando a Amazon recebe uma onda de pedidos de um produto desconhecido, a empresa pode colocá-lo como esgotado até entender se a demanda é real ou se é feita por usuários robôs. Foi um péssimo começo para mim, porque meu livro aparecia como indisponível – nas duas primeiras semanas do lançamento. Se alguém quisesse comprá-lo, não conseguiria.

Sempre sonhei em ser autora de um best-seller. No meu quadro de desejos, eu recortava fotos da lista dos mais vendidos do *The New York Times* e do "fenômeno editorial". Imaginei ser tema de reportagens em revistas e ser chamada de "revolucionária" no mundo editorial porque escolhi a autopublicação. Eu era uma tola. Não sabia que um livro autopublicado não é reconhecido pela maioria das listas de mais vendidos, e a distribuição nas livrarias locais é bastante comprometida. Os obstáculos que eu estava enfrentando eram reais, mas foi a minha atitude que me levou a fracassar.

Eu me bombardeei com pensamentos negativos: *Como sou estúpida! Estraguei tudo. Quando isso for corrigido, ninguém vai querer comprar o livro. Por que sempre tenho que fazer as coisas da maneira mais difícil? Eu deveria ter trabalhado com um editor. Por que as coisas nunca dão certo para mim?*

Fiquei muito abalada mentalmente. Você também já deve ter se sentido assim. Basta algum dia ter depositado suas esperanças e seus sonhos num objetivo e depois não conseguir realizá-lo. É doloroso ver outra pessoa entrar na melhor universidade, conseguir a vaga na escalação do time ou receber a promoção que você achava que merecia. Isso não significa que a outra pessoa não tinha direito a tudo isso, mas é fácil usar esses momentos como um aríete contra si mesmo. Eu certamente usei.

Invertendo as crenças

Eu estava arrasada, mas não podia me dar ao luxo de fracassar. Eu me esforcei muito para organizar eventos e entrevistas em podcasts e precisava continuar. Tive que me reerguer. Para isso, comecei dizendo a mim mesma o que precisava ouvir: *Mel, você se esforçou muito e será recompensada. Você tem que confiar que há algo incrível acontecendo, mas que não é possível ver neste momento.* Viu como eu inverti a situação?

> **Crença limitante atual:** *Nada dá certo para mim.*
> **Invertendo a crença:** *Algo incrível está acontecendo, mas não consigo ver neste momento. Continue.*
> **Ou:** *Quando você sente cheiro de merda, deve haver um cavalo por perto.*

A vida às vezes é bem difícil. Quando você tem a sensação de que não consegue fazer uma pausa, não importa quanto tente, você simplesmente segue em frente. Este mantra —*Você tem que confiar que há algo incrível acontecendo, mas que não consegue ver neste momento* – é como o discurso no vestiário no intervalo do jogo. Dê uma boa chorada, depois se recomponha e continue lutando pelo que você deseja. Se desistir, estará desistindo de você. Você precisa se convencer de que algo melhor vai acontecer e seguir em frente. Foi o que fiz naquele momento. Em termos mentais é o equivalente a dar um *high five* a si mesmo para continuar.

Todos os dias eu dizia a mim mesma que meu esforço seria recompensado, e aquilo que eu não conseguia ver estava reservado para mim, só precisava ser paciente e persistente e tudo se revelaria. Quanto mais eu praticava o raciocínio do *high five*, mais acreditava nele.

Diarreia por estresse

Duas semanas depois, estava em Los Angeles para uma participação no programa *Impact Theory*, de Tom Bilyeu, no YouTube. Queria que a entrevista corresse bem. Quando minha participação fosse publicada no YouTube para milhões de fãs de Tom, o livro já poderia estar disponível.

Eu devia mesmo estar animada. E agradecida por Tom ter me convidado para o programa, mas sabe como eu me sentia? Que teria diarreia por estresse. Sentia que algo estava prestes a dar errado porque todo o resto tinha dado. E é por isso que é fundamental vigiarmos a mente como um falcão. Quando você se permite se preocupar com algo, começa a se preocupar com outras coisas. Os fiapos são pequenos, mas se acumulam e crescem.

A entrevista com Tom era a minha chance de evitar que três anos de trabalho se tornassem o maior fracasso profissional. Os riscos pareciam muito altos. Pedi licença para usar o banheiro. Em pé, olho para o espelho e vejo que o suor nas axilas está começando a aparecer na blusa vermelha. Fico envergonhada. Meu rosto está tão vermelho por causa do estresse que mais parece o traseiro de um babuíno, e nem toda a maquiagem do mundo conseguiria esconder a vermelhidão.

Se eu conhecesse o *high five* ou algum outro recurso entre os que você está aprendendo, teria usado naquele instante, mas quatro anos atrás eu ainda entrava em pânico em situações estressantes. Comecei a me imaginar congelando diante da câmera, esquecendo o que dizer e fazendo papel de boba. Sequei as axilas com papel higiênico (não funciona). Lavei o rosto com água fria para tentar suavizar o tom de minhas bochechas e ficar com uma aparência corada (também não funciona). A tentativa de me tornar apresentável foi interrompida quando bateram à porta: "Eles estão prontos para você, Mel." Então, como faria qualquer palestrante de renome mundial, olhei para mim mesma no espelho, respirei fundo e disse: "Controle-se, Mel." Respirei fundo mais uma vez, 5-4-3-2-1, e abri a porta.

No outro lado da porta, uma estagiária da produção está segurando uma prancheta. Eu a sigo pela bela casa dos Bilyeus e vou até a beira do cenário que eles montaram na sala de estar. Tom e sua mulher, Lisa, são afetuosos e corteses e me sinto bem entre eles imediatamente. Quero muito que eles também gostem de mim. *Respire fundo, Mel. Respire fundo.* Enquanto esperamos o show começar, Lisa me pergunta: "Como vai o lançamento do livro?" Sinto vontade de mentir, mas me seguro. Sorrio e digo a verdade: "Tem sido mais desafiador do que eu esperava, e realmente agradeço o seu apoio."

Tom faz a abertura. Cumprimenta os milhões de fãs que assistirão à entrevista e me apresenta usando uma palavra que me deixa nervosa. *Motivação.* "Por favor, deem as boas-vindas a Mel Robbins, *a mestra da motivação.*"

Ele está falando sobre a motivação que surge quando o instrutor de spinning grita para você pedalar mais rápido nos últimos cinco minutos de aula. Ou a motivação que você sente quando o treinador do time da escola faz um daqueles discursos no vestiário no intervalo do jogo que a gente vê nos filmes: *Pare de chorar! Que diabos você estava fazendo lá fora? Volte para o campo e ganhe o jogo!* Ou a motivação que você experimenta na igreja quando escuta um sermão transformador que deixa a nuca arrepiada. Motivação é o que os fisiculturistas comem no café da manhã. É o que as Kardashians provavelmente sentem quando pulam da cama todas as manhãs. No entanto, motivação não foi o que me tirou daquele banheiro. Eu me forcei a sair.

Obviamente, quando Tom me chamou de "mestra da motivação", ele quis fazer um elogio. E não estava mal-informado ou inventando coisas. Se você fizer uma pesquisa sobre mim, verá que até minha página da Wikipedia me define como palestrante motivacional, uma das mais bem-sucedidas do mundo. Portanto, não tinha como ele saber quanto a palavra *motivação* me provocava ânsia de vômito.

Eis a explicação. A motivação nunca está presente quando precisamos dela. E quando estamos com medo... pode esquecer. O corpo dispara o alarme e entra em estado de lutar ou fugir, e a mente corre na direção oposta de onde precisamos ir.

Quando estava no banheiro de Tom e Lisa olhando para o espelho, tudo o que vi foi uma mulher com um lançamento de livro fracassado, manchas de suor nas axilas do tamanho de pratos de jantar e bochechas vermelhas como a bunda de um babuíno. Olhar para as manchas nas axilas não me deixou motivada. Lavar o rosto com água fria também não ajudou. Se eu tivesse esperado ficar "motivada" para me salvar, ainda estaria naquele banheiro preocupada por não conseguir demonstrar segurança enquanto o lançamento do meu livro estava em queda livre.

A vida é feita de decisões. Quando você depara com notícias assustadoras, com uma conta inesperada, com as palavras "Não te amo mais" ou "Você está demitido", quando sua prótese mamária foi alvo de um recall, quando descobre um nódulo na virilha ou quando seu reflexo no espelho parece tão preocupado quanto você está se sentindo, você tem que tomar uma decisão.

Você vai ficar parado e deixar que as preocupações o consumam ou vai reagir e assumir o controle de sua mente? Quando a vida o derruba, você tem que encontrar uma maneira de revidar. Você sempre tem uma escolha sobre o que dizer para si mesmo. Eu poderia facilmente ter olhado para o meu reflexo e dito: "Você está ferrada." Decidi dizer: "Controle-se." Não foi tão eficiente quanto um *high five* teria sido, mas foi o tapa na cara que eu precisava.

Portanto, apesar de minhas axilas e minhas preocupações, recuperei a compostura e entrei no clima para a entrevista.

À medida que Tom enumerava minhas realizações, eu só conseguia pensar em como as vendas do livro foram ruins, e a síndrome do impostor que senti naquele momento foi visceral. Eu não merecia estar ali. Não era boa o suficiente. A sensação era de estar no colégio e ser chamada quando todo mundo estava olhando para mim. *O que será que ela vai dizer?*

Pensei *Isso está me preparando para algo incrível. Seja você mesma.* Então entrei, dei um abraço em Tom, e ele me chamou de "Mestra da Motivação". Ri com a alcunha e respondi com as quatro palavras que mudaram a minha carreira:

Motivação é uma bobagem

Tom se aproximou e perguntou: "Por que você diz que é uma bobagem?" Respondi exatamente aquilo que, tenho certeza, milhões de pessoas enfrentam: "Todo mundo acredita na mentira de que é preciso se sentir pronto para mudar. De que motivação é o que falta. Não é verdade, por causa da maneira como a mente foi programada. Não fomos criados para realizar coisas desconfortáveis, assustadoras ou difíceis. O cérebro é projetado para nos proteger desses empecilhos porque sua missão é tentar nos manter vivos. E, para imprimir uma mudança realmente significativa, como montar uma empresa, ser o melhor pai/marido ou a melhor mãe/mulher, ter um trabalho que valha a pena, realizar os sonhos, é preciso dar conta de coisas difíceis, incertas ou assustadoras – algo que cria um problema para todos nós. Porque nunca temos *vontade* de encarar esse tipo de coisa. Motivação é uma bobagem."

Sempre fale aquilo em que acredita

A verdadeira opinião é sempre mais interessante do que o que você pensa que as pessoas querem ouvir. A conversa que tive com Tom Bilyeu se tornou um dos episódios mais populares do *talk show*, atraindo mais de 10 milhões de visualizações em poucos meses. Então, alguém fez um meme comigo chamado "Esta mulher revela por que motivação é uma bobagem", e esse meme viralizou, chegando a mais de 20 milhões de visualizações. Até onde sei, ninguém notou as manchas de suor nas minhas axilas.

Por causa do meme, fui convidada para mais uma entrevista, e depois outra. Foi por esse motivo que os produtores de podcasts começaram a ligar. Eu só dizia *sim*. Mesmo com toda essa nova publicidade, as vendas do livro continuavam lentas por conta da dificuldade de comprá-lo. Mas eu observava minha mente como um falcão. Se eu me sentia desanimada, dizia a mim mesma que tudo devia acontecer por um motivo, e seguia em frente.

Ainda bem que tomei esse tipo de atitude, porque algo incrível estava mesmo acontecendo.

Embora na Amazon o livro estivesse "esgotado", nunca me ocorreu que as pessoas pudessem comprar o audiolivro. Eu havia gravado e lançado o audiolivro por conta própria. Não tínhamos noção do que estávamos fazendo. Gravei tudo de uma vez só e mantive todos os erros, como mexer nos papéis, deixar cair a caneta e beber água, porque não sabia como fazer diferente. Meu marido carregou os arquivos de áudio para a Audible, capturei a tela do livro *O poder dos 5 segundos,* e coloquei como foto de capa do audiolivro.

Acontece que, como o audiolivro era a única versão disponível, as pessoas começaram a comprar mais do que papel higiênico na pandemia. Eu não sabia que isso estava acontecendo até cerca de um mês depois, quando recebi um e-mail da Audible com o assunto "Seu relatório mensal está aqui". Quando cliquei no relatório, quase caí da cadeira. As vendas dispararam e já tínhamos milhares de avaliações cinco estrelas no Audible. Meu primeiro pensamento: *Talvez possamos finalmente pagar a hipoteca da casa*. O segundo pensamento: *Caramba, audiolivros!*

Um dos aspectos que se destacam nesse audiolivro que as pessoas tanto amam é o fato de parecer que estou sentada ao lado delas, por causa da falta de edição. Conto isso para mostrar que cada "erro" que cometi acabou sendo uma lição valiosa e o segredo do meu sucesso. Eu tinha passado um mês dizendo a mim mesma que era um fracasso (*o que só fez o SAR mostrar mais razões para confirmar as minhas falhas*). Perceber isso me forneceu a atitude *high five* para continuar progredindo.

Há aqui uma ironia: se a edição impressa estivesse disponível, eu nunca teria tido a avalanche de vendas na Audible. *O poder dos 5 segundos* se tornou o audiolivro número um (ou seja, o mais ouvido) da plataforma em 2017. Quando resolveram enfim a questão do algoritmo, a edição impressa estava em promoção e foi o quinto livro mais lido do ano na Amazon.

Apesar de ser uma sensação global com milhões de cópias impressas e mais de 100 mil comentários cinco-estrelas (*Estou falando sério), O poder dos 5 segundos* nunca entrou na lista tradicional dos livros mais vendidos. Isso prova uma ideia sobre metas e sonhos em que acredito profundamente. O propósito de qualquer sonho é fornecer a energia que nos move e o mapa que mostra a direção a seguir. Ele pode ou não nos levar ao destino que imaginamos, mas a linha de chegada não é o mais importante. Meu sonho de fazer parte de uma lista foi o que me moveu, mas realizá-lo não era o propósito desse sonho.

Quando for capaz de confiar que todo o seu esforço está levando a algum lugar, você perceberá milagres em sua vida. Os milagres não passaram nem perto do que imaginei. Não realizei o sonho de entrar na lista de mais vendidos do *The New York Times*. *Algo melhor aconteceu*. Aprendi a importância de não desistir. Aprendi um modelo de negócios totalmente novo como autora, que me levou a uma parceria com a Audible. Lancei quatro audiolivros ao longo de dois anos. Nada disso estava no meu radar e só foi possível porque persegui um sonho que nunca realizei.

Encontre o final incrível

A vida levará você a lugares notáveis se acreditar em suas habilidades e se animar a seguir em frente. A vida irá testá-lo, mas se você desistir do cronograma de *quando* irá realizar seu sonho e continuar aparecendo diante daquele espelho todos os dias, com aquela atitude *high five*, acabará aportando aonde estava destinado a chegar. E se não realizar a meta para a qual se esforçou é porque não era para ser. Acredite, a vida tem algo melhor reservado para você. Algo incrível.

A vida está nos ensinando algo. Sempre está. Tudo, absolutamente tudo, está preparando você para o que está por vir. O *high five* que você dá para a pessoa no espelho todas as manhãs é um treino para que confie nisso. Se você continua respirando, ainda há tempo.

CAPÍTULO 13

Consigo lidar com isso?

Às vezes, o problema explode. Você não esperava, não merecia, mas agora está vivendo nesse turbilhão, tendo que encontrar a saída. Então, aquele tipo de pensamento incômodo se torna recorrente:

Por que isso está acontecendo comigo? Não consigo lidar com isso

O monólogo intenso começa antes mesmo de você se levantar da cama:

Isso parece muito pesado e sufocante... Não posso educar ninguém hoje... Desligue a televisão, não aguento mais ver esse noticiário... Nem sei mais quem eu sou... Achei que seguia todas as regras e fazia tudo certo... Será que consigo ler sem chorar o e-mail que a professora das crianças me enviou?... Como vim parar aqui novamente? Será que estou à beira de um colapso nervoso?

São tempos iguais a esse, em que a vida dá uma reviravolta, que precisamos olhar – olhar de verdade – para nós mesmos no espelho e dizer: "Sei que está com medo *e* sei que consegue fazer isso." É o tipo de conversa sincera e amor gentil que desejamos quando temos medo. Sentir medo é normal. Como agimos logo após admitir essa sensação é que faz a diferença. Você pode ter medo de perder o jogo, mas ainda assim tentar o impossível. Pode estar assustado, porém confiante em sua capacidade de enfrentar a situação. Pode sentir o peso do mundo em seus ombros e, mesmo assim, se manter de pé.

Medo e mudança por causa da pandemia

Tenho certeza de que você se lembra exatamente onde estava quando percebeu que sua vida iria mudar por causa da Covid-19. Talvez tenha sido um e-mail do trabalho avisando que estavam fechando o escritório ou como sua cidade ficou estranhamente silenciosa ou o asilo onde sua avó mora proibindo a entrada de visitantes ou as discussões que teve com seus filhos sobre voltar para casa e fazer a quarentena (ou será que foi só comigo?).

A Covid-19 virou minha vida do avesso numa quarta-feira. Eu estava gravando uma palestra em Nova York quando a CBS ligou e disse que encontraram o vírus no prédio e que tínhamos que sair imediatamente. Tudo aconteceu tão rápido que não pude me despedir das 135 pessoas da equipe do *talk show* com quem trabalhei por 10 meses. Caminhões do Corpo de Bombeiros estavam estacionados do lado de fora quando saí do estúdio. Do outro lado da Rua 57, o resto da equipe estava evacuando o prédio onde se localizava o nosso escritório, junto com as equipes dos programas *60 Minutes, Last Week Tonight with John Oliver* e *Entertainment Tonight*. Quando entrei no carro e peguei a autoestrada West Side para voltar para casa, em Boston, pensei *O que acabou de acontecer?*

Momentos de mudança drástica como esse sempre estabelecem limites. Existe um antes e um depois, e seu dia a dia nunca mais será o mesmo. Se você já enfrentou uma ameaça terrível à sua saúde, a morte súbita de algum ente querido, uma traição, uma demissão do emprego de seus sonhos ou uma acusação infundada de ter feito algo terrível, teve um divisor de águas na vida. O cotidiano, a carreira ou o relacionamento que você tinha antes acabou, junto com seu antigo eu. De repente, você se vê num território desconhecido e totalmente novo. Eu já vivi todas essas coisas, mas, quando a pandemia chegou, foi igualmente desconcertante.

Eu queria minha antiga vida de volta

A mudança sempre oferece uma chance de crescimento se você decidir encarar as experiências desafiadoras ou dolorosas dessa maneira. Há um ditado que eu adoro: "O preço da sua nova vida é a antiga." Apesar de gostar dessa citação, e ser fácil publicá-la nas redes sociais, não quer dizer que seja um conceito fácil de aceitar. Vou ser sincera: por mais positiva, confiante e otimista que eu seja, quando a situação se tornou dramática, percebi que eu não queria uma vida nova – queria minha antiga de volta.

Em questão de minutos, deixei de me sentir a dona do mundo, como apresentadora de programa de TV, para deparar com uma barreira mental. Foi a transição mais rápida que fiz do topo ao chão. A pandemia provocou essa sensação no início porque despertou um medo gigante. Medo de morrer, de perder o emprego, de ficar sozinho, de perder amigos e familiares.

Para mim, a pandemia desencadeou todos os velhos medos do passado recente e produziu algo de que já havia me livrado: entrei financeiramente em queda livre. Em primeiro lugar, o programa foi cancelado (o que significa que fui demitida) e, na sequência, o resto do meu negócio começou a implodir. Todas as palestras agendadas para o ano foram canceladas, uma a uma. Depois, fui demitida novamente quando meu editor cancelou o contrato para este livro que você está segurando, o que significa que tive que devolver o adiantamento – um dinheiro que já não existia fazia tempo.

Eu precisava de um *high five*

Quando velhos medos ressurgem, você começa a repetir instintivamente antigos padrões. Eu me senti presa e impotente. A ansiedade voltou com tudo e recorri à bebida para entorpecer minha mente, além de implicar com meu marido (*porque, é claro, ele é culpado pela pandemia global*).

Naquele momento, eu precisava de encorajamento. Precisava de alguém para me dizer que eu encontraria uma solução. Precisava que me dissessem a verdade: eu tinha enfrentado desafios antes e este não seria fácil, mas eu me sairia bem, e teria, no fim das contas, uma versão melhor de mim mesma. A vida também poderia ser bem mais significativa.

Mas, aos 51 anos, não estava disposta a me reinventar mais uma vez. É irritante. Sabe quantas vezes eu tive que me reinventar? Você entende o que estou dizendo, certo? Ninguém quer passar por um divórcio, envolver-se num acidente de carro, passar por uma recessão ou morte em família, receber um diagnóstico desfavorável ou uma conta inesperada. Muito menos viver em uma pandemia.

Todas as manhãs eu acordo com a sensação de pavor, um vazio no estômago, o coração aos pulos e uma onda de ansiedade que começa nos tornozelos e sobe até o peito. Quando eu me levanto, já estou dominada por essas sensações.

Antigamente, eu não podia me dar ao luxo de ficar deitada na cama olhando para o teto. Havia sempre vários motivos para eu me levantar. Eu tinha que ir a algum lugar ou alguém precisava de mim.

Na pandemia, foi diferente. Não havia nada para fazer. Nenhum escritório aonde ir. Nenhum avião para pegar. Nenhuma escola para os filhos irem estudar. Nenhuma cafeteria aberta para encontrar um amigo. Nenhuma tarefa para cumprir. Nenhuma academia de ginástica aberta. Nenhum lugar para dar uma escapada. Era apenas eu e todas as sensações desconfortáveis em meu corpo.

Antigamente, eu costumava recorrer a duas coisas para me acalmar: me ocupar com as tarefas do dia ou pedir a ajuda de Chris. A presença dele me deixava segura. Durante a pandemia, eu já acordava preocupada com todas as incertezas. Chris, por outro lado, estava aproveitando a pausa que a pandemia provocou em nossa vida. Em vez de se alarmar com coisas que estão fora de seu controle, ele reforçou os hábitos que o deixavam equilibrado e realizado. Ele levantava cedo e colocava-se em primeiro plano: meditava, caminhava e escrevia em seu diário. Ele fez o que todos nós precisamos fazer: tratava de suas necessidades emocionais mais profundas.

Quando eu acordava em pânico, meus dois mecanismos de compensação, portanto, não estavam disponíveis. Sem ter o que fazer e ninguém a quem recorrer, fui forçada a descobrir como me ajudar. Decidi voltar a me deitar e passei a conversar comigo mesma, em silêncio, do jeito que gostaria que Chris fizesse.

Dei um *high five* para o meu coração

É um "exercício" simples: respire fundo, feche os olhos, coloque as mãos sobre o coração e diga a si mesmo: "Estou bem. Estou seguro. Sou amado."

Há manhãs em que fico debaixo dos lençóis e repito essas três frases várias vezes. É como se fosse um mantra relaxante, que me acalma, diminui a minha ansiedade, regulariza o meu estresse. Apesar de ainda vivermos numa pandemia global, de as notícias serem aterrorizantes, de a injustiça racial ser traumatizante e ninguém saber se essa provação vai durar dias ou anos, o que eu dizia naquele momento era verdade: eu estava bem, estava segura, era amada.

> **Crença limitante atual:** *Não consigo lidar com isso.*
> **Invertendo a crença:** *Estou bem. Estou seguro. Sou amado.*

Como se sentir confortável em sua própria pele

Experimente fazer isso amanhã de manhã. Quando acordar, coloque a mão sobre o coração, respire fundo e repita: "Estou bem. Estou seguro. Sou amado." Repita quantas vezes precisar. Sinta o alívio que flui para o seu coração e a sua mente. Você vai sentir o corpo relaxar, vai perceber que está mais conectado com você mesmo e sentirá bem-estar – mesmo na primeira vez que praticar.

Pode ser preciso repetir essas frases dezenas ou centenas de vezes. Pode ser preciso fazer várias respirações profundas, bem como repetir o mantra inúmeras vezes. Este hábito o deixará com uma sensação de paz e segurança. E, ao continuar praticando todas as manhãs, você acalmará seu sistema nervoso extenuado, retreinando-o para manter-se estável e relaxado. Você irá ensinar seu corpo a estar seguro.

Nas manhãs difíceis, quando sentir o coração disparar e o medo tomar conta de sua mente, repetir *Estou bem. Estou seguro. Sou amado* interromperá os pensamentos negativos por um momento. Continue repetindo o mantra até anular o sentimento autodestrutivo. Quando se sentir mais equilibrado, foque algo positivo, para elevar seu espírito. Se você não souber o que dizer, consulte o Capítulo 7 e escolha o mantra que mais lhe agradar.

Converse consigo mesmo

Se quiser ir além, acrescente seu nome ao mantra, como eu fiz: "Mel, você está bem. Mel, você está segura. Mel, você é amada." Incluir o nome intensifica o efeito por dois motivos: primeiro, porque o SAR sempre ouve o nome e avisa o cérebro que vale a pena prestar atenção no mantra reconfortante.

Segundo, porque quase dá para separar a voz que está falando com você de você mesmo. Quando digo "Mel, você está bem", acho profundamente reconfortante porque parece que outra pessoa está me falando que vou ficar segura, bem e amada. É como se você se olhasse no espelho e percebesse que não está sozinho. Você tem você!

Na terceira pessoa, você potencializa o conceito que na psicologia é chamado de "poder da objetividade". Referir-se a si mesmo de uma perspectiva mais objetiva (usando o próprio nome ou vendo o próprio reflexo) aumenta a capacidade de lidar com as emoções negativas, mesmo em situações adversas.

Os sentimentos são apenas ondas, vêm e vão

O hábito de repetir o mantra ensina a surfar nas ondas de emoção que podem nos atingir em vez de deixar que nos derrubem. Percebi o que estava fazendo de errado todos esses anos. Eu costumava acordar e, ao sentir aquela onda de preocupação e ansiedade, tentava resistir a ela. Eu reagia. Eu *odiava* sentir aquilo.

Ia dormir com medo de acordar e sentir aquela emoção ruim de novo. Adivinha o que estava acontecendo? Eu estava ensinando minha mente e meu corpo a fazerem isso acontecer. Colocava tanta energia em resistir e odiar que dava muita importância àquilo. Estava basicamente ensinando o SAR e o sistema nervoso a continuar acordando naquele estado de infelicidade. Ao utilizar essa ferramenta, assumi o controle da situação. Claro que às vezes ainda acordo e me sinto tensa, mas já não tenho medo porque sei exatamente o que fazer para acalmar essa sensação.

Quando você acordar e se sentir bem, sugiro colocar as mãos sobre o coração. Vai adorar a sensação. É como se a pessoa mais querida do mundo tivesse acabado de lhe dar um abraço. Esse simples gesto aumenta sua força vital. Você não precisa recorrer a esse ritual apenas ao acordar. Use-o sempre que se sentir ansioso e precisar ser tranquilizado. Ontem mesmo lancei mão dele quando tive uma crise de ansiedade no supermercado.

Quer ouvir uma história incrível?

A fotógrafa Jenny Moloney me enviou uma mensagem quando eu estava fazendo a revisão final do manuscrito deste livro. Ela estava num avião para Los Angeles e, com 15 minutos de voo, a cabine despressurizou, obrigando o avião a descer rapidamente, as comissárias de bordo correndo de um lado para outro, pedindo que todo mundo recolocasse os cintos de segurança. Enquanto o avião voltava para Boston, houve uma simulação de como agir no pouso de emergência (coloca-se a cabeça nos joelhos), mas o pouso correu bem, apesar dos pneus pegando fogo (!) e da pista cheia de equipes de emergência. Ela disse: "Nunca fiquei tão apavorada em minha vida, mas quer saber o que me ajudou a enfrentar essa provação? E duas horas depois entrar em outro avião?"

Obrigada
Usei o mantra e a mão no coração
♥

Essas três frases – *Estou segura. Estou bem. Sou amada* – são mágicas.

Depois de assistir a um vídeo em que falei sobre o uso do mantra pela manhã, uma seguidora chamada Maria começou a dar *high five* para o seu coração. Maria me contou que, em decorrência de uma série de traumas, sempre acordava ansiosa – do mesmo modo em que eu me encontrava naquele momento – e se sentia como se "alguém estivesse zangado com ela".

Maria disse estar surpresa com a mudança que sentiu em seu dia a dia, desde a primeira manhã em que praticou o ritual. "A sensação de ansiedade ao acordar é muito desgastante e, mesmo quando seguimos em frente com os nossos afazeres, aquela sensação permanece no corpo. Está presente o tempo todo, não sai da cabeça", afirma.

Para Maria: "É incrível como algo tão simples como colocar a mão sobre o coração e dizer 'Estou bem, estou segura, sou amada' pode ser transformador. Logo no primeiro dia da prática, a ansiedade foi menos intensa. Ainda tenho momentos em que me pego ansiosa, mas não passo mais o dia inteiro me sentindo assim."

Enquanto escrevia este livro, ouvi muitas histórias como a de Maria. Então percebi que acordava sempre me sentindo ansiosa por causa do terrível episódio que aconteceu comigo quando era criança. Fui molestada por um garoto mais velho durante uma festa do pijama. O fato aconteceu quando eu estava adormecida e, portanto, vulnerável.

Às vezes, enterramos as lembranças de acontecimentos como esse porque é tudo muito assustador, doloroso, confuso e humilhante demais para enfrentar. Mas, mesmo enterrados, os fatos afetam profundamente o corpo, a mente e o espírito.

O trauma que tive na infância gerou uma "resposta ao trauma" e o gravou em meu sistema nervoso. Isso significa que meu corpo adulto ainda se lembra de acordar no meio da noite e perceber que algo ruim estava acontecendo, mas sem saber como impedir ou mesmo como reagir. Essa memória física ainda ecoa em meu sistema nervoso, razão pela qual, 40 anos depois, acordo sentindo pavor, medo, pânico, confusão e vergonha.

Como adulta, meu primeiro pensamento ao abrir os olhos pela manhã é "Algo está errado". Isso quase sempre se traduz por "Fiz algo errado" ou "Alguém está com raiva de mim". E então a espiral autodestrutiva se intensifica. Você se lembra de como descrevi a sensação que começava nos tornozelos e subia até o peito? Esse "sentimento" é o meu trauma de infância sendo lembrado pelo meu corpo adulto.

Não tenho como curar um trauma apenas com pensamentos positivos. Preciso de ações que mudem a minha resposta-padrão e que limpem esse resíduo de meu sistema nervoso. O trauma que vivi não é minha culpa. E a reação de meu subconsciente, mesmo quatro décadas depois, não tem a ver com a minha vontade. Mas é minha responsabilidade eliminar o trauma. Se quero ter uma vida *high five*, preciso ter coragem para enfrentá-lo. E uma das coisas que me ajudaram muito foi o *high five* para o coração que faço todas as manhãs.

Vamos dar uma olhada nas pesquisas

Há um motivo para você começar o dia dando um *high five* para si mesmo no espelho e outro para o coração. Estudos mostram que sem antes acalmar a ansiedade e estabilizar o sistema nervoso, não há meios de fazer mudanças. Aprendi isso com a neurocientista Judy Willis, que apresentei no Capítulo 2. Se você está sob estresse, o cérebro entra em modo de sobrevivência. Então, nesse estado alterado, nenhuma nova informação positiva é formada no hipocampo, área que regula novas habilidades e novas memórias.

Em vez disso, o cérebro quer que você veja apenas as ameaças ao seu redor. É por isso que o estresse e a ansiedade pela manhã parecem uma manta gravitacional nos prendendo à cama.

A única opção realmente eficiente é acalmar o corpo. Ficar deitado pensando em todas as coisas que nos assustam apenas intensifica o que estamos sentindo, e iniciar o dia de maneira impensada só nos faz levar a ansiedade para onde quer que estejamos.

As boas notícias? Desativar a resposta de seu corpo ao estresse é tão simples quanto colocar a mão sobre o coração e dar um *high five*, pois isso irá acionar o sistema nervoso que regula o "descansar e relaxar".

Duas palavras explicam por que você pode ativar esse estado de calma e força a qualquer momento: nervo vago.

O nervo vago é o nervo mais longo do corpo, conectando o cérebro a quase todos os órgãos essenciais. Transmite informações sobre dor, toque e temperatura, além de controlar os músculos da garganta e as cordas vocais. Também permite que o cérebro facilite a liberação da dopamina, o hormônio do bem-estar que nos deixa mais relaxados a tranquilos.

Ativar o nervo vago é fácil. Basta dar um *high five* para o seu coração. Também é possível ativá-lo por meio de algumas práticas:

- *Fazer respirações profundas e lentas*
- *Dar uma caminhada ao ar livre (especialmente na natureza)*
- *Meditar*
- *Cantarolar*
- *Fazer gargarejos*
- *Cantar a plenos pulmões*
- *Tomar um banho quente ou uma chuveirada fria*

Colocar a mão sobre o coração e acalmar-se antes de afirmar que está bem, seguro e amado é uma maneira eficiente de reprogramar o cérebro. Colocar a mão sobre o coração comunica ao corpo que ele está livre de estresse, o que deixa o SAR receptivo aos mantras. Com isso, ele entende que se sentir bem e seguro é importante para você.

Quanto mais você repete que está bem e seguro e é amado, mais rapidamente vai acordar sentindo bem-estar. Se você mudar a história que conta a si mesmo e der um *high five* ao coração, estará ativando o nervo vago e reeducando a resposta do corpo de sentimentos como incerteza e ansiedade para sentimentos de confiança na própria pele.

Isso muda você

Neste momento, você deve pensar *Ai, meu Deus, Mel Robbins, estamos falando sobre traumas do passado e você acaba de me dizer para colocar a mão sobre o coração. Você é uma imbecil.*

Pode soar um disparate que colocar a mão sobre o coração mudará as circunstâncias da sua vida. Mas não é isso que estou dizendo.

Dar um *high five* para o coração muda você. E quando você muda, pode mudar as circunstâncias de sua vida. Quando você aprende a colocar o corpo em um estado pragmático e calmo, poderá se dedicar a curar os traumas do passado.

Se você acha que está lidando com os efeitos de um trauma em seu corpo, recomendo que faça sessões de terapia e se informe o máximo que puder sobre si mesmo. Você precisa de apoio nessa jornada para se tornar uma pessoa completa. Há modalidades terapêuticas eficazes para a cura de traumas, que ajudam a regular o sistema nervoso, incluindo a terapia de dessensibilização e reprocessamento através do movimento dos olhos (na sigla em inglês EMDR, de Eye Movement Dessensitization and Reprocessing) e de terapias psicodélicas guiadas que estão em fase de ensaios clínicos aguardando a aprovação da FDA (Food and Drug Administration, a agência reguladora americana) e vêm apresentando excelentes resultados. Fiz as duas e posso dizer que são transformadoras.

Tudo o que compartilho aqui tem como base pesquisas sérias. São segredos simples com resultados profundos. Portanto, se você ainda está resistindo e não quer se olhar no espelho e dar um *high five* para seu reflexo ou colocar a mão sobre o coração para desacelerar o corpo, é sinal de que está realmente precisando disso.

Estar confiante é dizer a si mesmo que está bem, que está seguro e que é amado, e acreditar com cada fibra do seu ser que é verdade. Ao fazer isso, você percebe que a única pessoa em quem pode confiar, independentemente do que estiver acontecendo no mundo, na família, no trabalho ou na escola, é você. Você tem capacidade de se ajudar na cura de traumas do passado, de acalmar o corpo, de redefinir a mente e de liberar o espírito para voar. É a própria definição de empoderamento. Isso significa que você sabe que pode acordar todos os dias, cuidar de si mesmo e enfrentar qualquer coisa que surgir em seu caminho.

CAPÍTULO 14

Talvez você não queira ler este capítulo

Eu queria chamar este capítulo de "Como manifestar segurança", mas achei que se você visse a palavra *manifestar* no título poderia pensar: *Uau. Mel está se tornando metafísica. Vai usar um pouco da mágica de Harry Potter. Está alinhando seus cristais, tirando cartas de tarô, escrevendo a palavra* milagre *nas primeiras cinco frases.*

Você tem um pouco de razão.

Estou levando minhas ideias para um nível diferente, mas não com incenso, reza farta ou varinha de condão. Acredito na ciência, então não se preocupe porque este capítulo se baseia em pesquisas, embora resvale um pouco no mundo do sobrenatural. Quando nos aperfeiçoamos no controle do SAR e na automotivação, podemos fazer coisas milagrosas e mágicas (eis a palavra!) com essas ferramentas.

Este capítulo não é para os fracos de coração. E se você quiser fazer mudanças inspiradoras em sua vida, como as que provocam arrepios, precisa ouvir alguns segredinhos que posso contar sobre o poder da convicção. Quero encorajá-lo a continuar acreditando no impossível. Quando comecei a fazer isso, minha vida se tornou incrivelmente melhor. Sobre a ciência, vamos nos aprofundar na pesquisa de visualização correta, de modo que você possa fazer o SAR funcionar como uma máquina bem lubrificada que vai ajudá-lo a conseguir o que parece inimaginável neste momento.

O que estou prestes a provar é que sua mente conspira para que você alcance o que deseja. Basta querer acreditar nisso.

Tenho uma história sobre uma pintura

Era o meu último ano de faculdade e meus pais estavam na cidade. Naquela noite, fomos ao famoso ateliê de cristais de Vermont, chamado The Mill at Simon Pearce, que tem um maravilhoso restaurante anexo. Ao entrarmos no prédio, minha mente estava fixada na sopa de queijo cheddar. Minha colega de quarto tinha dito que eu deveria pedi-la porque era "inacreditável". Na entrada do restaurante, vi na parede um quadro com uma paisagem. Não consegui continuar andando. Parei onde estava e fiquei observando o quadro. Ele tinha o tamanho de uma porta, só que virado de lado. Algo no quadro me parecia familiar e atraiu a minha atenção.

Conforme me aproximei da pintura, o barulho no restaurante desapareceu. Tudo ao meu redor ficou repentinamente quieto e imóvel. Cheguei mais perto da pintura e, de repente, parecia que eu havia entrado nela. Percebi que se tratava de uma paisagem de Vermont. O quadro mostrava um campo amplo, de cores neutras. A grama era alta, o agrupamento de árvores alinhadas no meio do campo diminuía de tamanho conforme se aproximavam da cadeia de montanhas altas, sob o céu azul nublado de Vermont. Era quase possível sentir a brisa, o cheiro doce do feno recém-cortado. Escutar os gansos voando em formação que anunciavam a sua chegada. Eu já não me encontrava mais no restaurante. Estava em pé naquele campo. Os cinco sentidos em alerta. Mente, corpo e espírito perfeitamente sintonizados e focados numa única coisa: a pintura.

Mais do que uma empolgação, havia um desejo, um propósito,

uma conexão com algo maior que não posso explicar. Nunca senti vontade de comprar uma obra de arte, mas naquele momento eu quis ter aquela pintura. Tente se lembrar de alguma situação em que um desejo inexplicável o atingiu dessa forma, em que você simplesmente *sabia* que algo, algum lugar, ou alguém estava destinado a ser seu. Os sentidos foram ativados, a mente ganhou foco, o coração se expandiu – você estava totalmente presente no momento. Estava pleno em seu poder. É a energia *high five*.

Alguns anos depois, eu voltaria a ter aquela sensação quando vi meu marido, Chris, pela primeira vez. Estava pedindo um bourbon com gelo em um bar em Nova York e ouvi alguém atrás de mim dizer: "Parece ótimo, peça dois." Virei-me e lá estava ele. A música e o barulho do bar desapareceram, começamos a conversar como se nos conhecêssemos havia mil anos. Ele me pediu em casamento três dias depois.

Alguns anos mais tarde, senti a onda de desejo novamente quando passamos em frente a uma casa de fazenda abandonada nos arredores de Boston. Pedi a Chris que parasse o carro. As janelas da casa estavam quebradas. A grama tinha 30 centímetros de altura. Parecia que só fantasmas viviam ali. Não sei explicar, mas tudo que eu queria fazer era comprar aquela casa. Conseguimos localizar a escritura na vara de sucessões. A casa nunca chegou a ser anunciada para venda. Nós a compramos do espólio do falecido proprietário e criamos nossa família ali nos últimos 24 anos.

São exemplos de momentos em que meu pensamento não estava bloqueado. Eu sabia o que queria e, por uma razão qualquer, me permiti acreditar que poderia ter o que estava diante dos meus olhos. Essa permissão para acreditar que você é capaz e merecedor de ter o que deseja é poderosa. O SAR anota e imediatamente trabalha para ajustar o filtro em sua mente a fim de ajudá-lo a realizar os seus desejos.

Algum dia será

Não sei por quanto tempo fiquei ali olhando para a pintura. O que sei é que em algum momento um garçom derrubou uma bandeja e uma porção de copos foi ao chão. A confusão provocada pelo garçom me trouxe de volta ao meu corpo como um elástico. E foi então que aconteceu. Eu me ouvi dizendo:

Algum dia essa pintura vai ser minha.

Eu me inclinei para ver o preço: 3 mil dólares.

Hoje não.

Suspirei e lentamente me afastei do quadro. O barulho e a energia do restaurante movimentado reapareceram, porém minha mente permaneceu aberta. Pensei *Voltarei,* e me virei para ir até a mesa onde meus pais haviam se sentado. Minha mãe me perguntou onde eu estava, e eu respondi: "Estava olhando aquela pintura ali." Minha mãe olhou na direção da pintura e então voltou-se para o cardápio.

É uma questão muito importante sobre desejos. Eles são absolutamente pessoais. O que tem valor para você não tem significado para outras pessoas. As coisas que o atraem são destinadas a você. Então, é *sua* responsabilidade se esforçar para tê-las. Uma vez que você se fixa em algo, esse algo permanece com você como as anotações em um diário que foi colocado numa prateleira por segurança. Está arquivado em seu subconsciente, à espera do momento em que você pensar nele novamente.

Como saber que alguma coisa *não* está destinada a você? Você sente a energia oposta. Não é atraído por aquilo, sente aversão. É como se algo dentro de você estivesse encolhendo.

Se não der um *high five*, não é seu

Antes de me formar naquela primavera, pedi emprestado o carro de um amigo e fui ao restaurante mais uma vez. Queria ver a pintura novamente. Se for possível alguém se apaixonar por um objeto, eu me apaixonei. Não diria que estava obcecada. Era mais como se uma possibilidade houvesse se aberto em minha mente e eu tivesse negócios pendentes. Nicholas Sparks ainda não tinha escrito nenhum de seus romances, mas esta poderia ter sido a cena de um deles.

Em menos de um mês eu iria embora para começar uma nova vida pós-faculdade. Eu me sentei a uma mesa no restaurante e almocei a poucos metros daquele quadro que tanto me impressionou. Imaginei um dia pendurá-lo na minha cozinha. Aquela pintura seria minha. Eu tinha tanta certeza disso quanto de terminar a minha tigela de sopa de queijo cheddar.

Quando lembro de mim aos 21 anos almoçando perto de um quadro cujo preço eu não tinha como bancar, parece algo totalmente sem sentido. Não era como se eu fosse uma estudante de arte ou mesmo uma pintora. Eu era uma universitária falida. Mesmo que eu tivesse os 3 mil dólares, não teria coragem de gastar com uma pintura. Meus pais me dissuadiriam da ideia. E eu não tinha nem onde pendurar um quadro daquele tamanho. Eu estava prestes a começar uma vida a dois com meu namorado em Washington, D.C. Nem sequer tinha emprego.

Não posso explicar por que isso aconteceu comigo. Gosto de pensar que é porque eu estava destinada a contar essa história neste livro, e a pintura é a prova dos milagres que podemos criar quando nos permitimos desejar o que valorizamos e queremos. É muito fácil imaginar como essa história terminaria se o meu raciocínio estivesse bloqueado por pensamentos negativos. Eu teria dito a mim mesma algo negativo: *Você não tem dinheiro para comprar o quadro. É uma perda de tempo. O que você está fazendo aqui?* Esses pensamentos negativos teriam desencadeado uma ação negativa, e eu nunca teria voltado ao restaurante.

O Efeito Zeigarnik

Você se lembra do que aprendeu sobre o SAR? Dizer à sua mente que algo é importante é como dar a ela um conjunto de diretrizes. É por isso que você nunca esquece aquilo que deseja. A mente não permite. O segredo é permanecer aberto à possibilidade de transformar o sonho em realidade.

Não há dúvida de que a experiência com o quadro mudou algo na minha cabeça. Saí do restaurante com uma decisão tomada. Havia uma certeza tranquila em meu espírito. Sentia-me inspirada, e esse propósito sustentava a minha confiança. Eu tinha certeza de que *um dia aquela pintura seria minha*. Esse era o único pensamento que eu permitia que minha mente considerasse. E não o esqueci. Este é o código mental de que falei, o chamado Efeito Zeigarnik que mencionei no Capítulo 10. Quando há intenção de visualizar algo que é importante para você, seu cérebro anota e adiciona isso a uma lista de "coisas importantes" e a armazena em seu subconsciente. Não é incrível?

Isso significa que seu sonho ou seu objetivo está sempre em segundo plano, como um "negócio inacabado", e a mente procurará todas as oportunidades para relembrá-lo dessa meta. O SAR irá vasculhar o mundo e colocará lembretes em sua mente consciente.

É por isso que quando você diz "É tarde demais", seus objetivos e sonhos o perseguem. É por isso que Eduardo, o motorista do Uber, sempre pensará na Califórnia. E é por essa mesma razão que eu não deixo de pensar em entrar na lista de mais vendidos do *The New York Times*. Que você vê Acura vermelho circulando pelas ruas quando quer um. Você pode querer esquecer, mas graças ao

Efeito Zeigarnik, a mente não esquece. Quando se trata de sonhos, você tem duas opções: persegui-los ou ser perseguido por eles. Senti o Efeito Zeigarnik o tempo todo. Se alguém dissesse a palavra "Vermont" ou eu visse uma peça de vidro soprado, o SAR deixava essa informação entrar em minha mente consciente. E quando eu pensava na pintura, pensava em todos os passos que daria para que ela fosse minha.

Eu me imaginava trabalhando muito, envelhecendo e economizando pequenas quantias para comprar o quadro. Eu via o envelope de dinheiro na gaveta da minha escrivaninha. Imaginava a onda de empolgação, sentia o aperto de mão do dono quando finalmente comprava o quadro. Sentia até mesmo o sorriso se espalhar pelo meu rosto, o tipo de sorriso que faz as bochechas doerem. Via o prego na parede. Sentia quanto era pesado e desajeitado segurar uma obra de arte tão grande enquanto alguém me ajudava a levantá-la e prendê-la na parede.

A manifestação feita da maneira certa

Eu não sabia, mas estava usando a visualização para me aproximar daquela pintura. A ciência explica como a manifestação de confiança e a visualização mudam o SAR, mas isso só acontece quando você toma atitudes da maneira certa. Por sorte, agi corretamente ao imaginar os pequenos passos que daria para conseguir o quadro.

A maioria das pessoas entende a manifestação de forma errada porque tenta visualizar e associar o resultado: vencer a prova de esqui ou o Oscar, perder 22 quilos ou ter 1 milhão de dólares no banco. A manifestação errada pode nos manter presos porque, embora sonhos grandiosos sejam incríveis, e seja preciso tê-los, manifestar-se sobre o resultado não ajuda a alcançá-lo.

A manifestação *correta* ajuda a tornar os sonhos realidade ou, ao menos, a realizar o trabalho.

A neurociência mostrou que a visualização facilita o trabalho de alcançar nossos objetivos porque muda o SAR para que ele identifique as oportunidades que correspondem à imagem que acabamos de visualizar. Mas pesquisas da UCLA (Universidade da Califórnia em Los Angeles) mostram que, para a visualização *realmente* ajudar a atingir nossas metas, precisamos *nos ver dando os pequenos passos, difíceis e incômodos, ao longo do caminho até chegar ao destino.*

Tomografias mostraram que estimulamos as mesmas regiões cerebrais quando nos imaginamos realizando uma ação e quando de fato realizamos a ação. Portanto, é possível ensaiar mentalmente comportamentos futuros. Visualizar uma ação aumenta a probabilidade de a concluirmos. Lembre-se de que é o ato de agir que faz obter resultados. Demonstrar confiança significa visualizar a si mesmo cumprindo todos os pequenos passos ao longo do caminho, e não só aproveitando o brilho da vitória na linha de chegada.

É assim que se preparam o sistema nervoso e o filtro da mente para agir. Quando visualizamos as ações que precisamos realizar, associamos a mente e o corpo a esses sentimentos e dizemos ao SAR: *O trabalho árduo é importante.*

Visualize-se correndo na chuva

Se você deseja manifestar o sonho de correr a maratona de Boston, escreva sobre isso todos os dias. Para realizar o ato, no entanto, não se imagine cruzando a linha de chegada e recebendo os aplausos da multidão. Imagine-se amarrando os tênis de corrida, sabendo que está fazendo um frio congelante lá fora.

Feche os olhos e imagine como será a sensação de correr 42,19 quilômetros ao ar livre sem música para acompanhá-lo, porque seus fones de ouvido ficaram sem bateria. Sinta em seu corpo a sensação do alarme tocando às cinco da manhã: você está exausto, olha pela janela e vê que está chovendo e então começa a correr na chuva.

Se o seu sonho for dirigir um negócio que fature mais de 500 mil dólares por mês, não visualize o dinheiro entrando em sua conta. Feche os olhos e sinta, com cada fibra do seu ser, como é desligar o telefone depois de ouvir um *não* em mais uma tentativa de vender algo. Depois, imagine-se pegando o telefone e ligando para o próximo cliente.

Caso a sua meta seja ter um relacionamento amoroso saudável, bem melhor do que os que já teve até agora, aconselho você a se visualizar criando um perfil de namoro e marcando alguns encontros ruins. Visualize como é fazer terapia, o esforço de autocura e a eliminação de padrões de codependência que o levaram a ter relacionamentos desgastantes no passado.

É assim que você torna realidade seus sonhos grandiosos e incríveis. Quando chegar a hora, estará pronto. Quando chegar o dia de treinar para correr mais de 40 quilômetros e acordar às cinco da manhã, com a temperatura lá fora gelada, e olhar para si mesmo no espelho do banheiro, você não vai desistir. Como já visualizou e associou sua mente a esse momento, você levantará a mão na direção de sua imagem e estará pronto: *42 quilômetros; 10 graus. Eu consigo fazer isso. Vamos lá!*

Se você quiser adquirir um quadro, faça exatamente o que eu fiz. Imagine-se trabalhando duro para ganhar dinheiro para comprá-lo. Economizando dinheiro a cada mês. Comprando uma moldura. Pequenas atitudes ao longo do caminho. No meu caso, codifiquei a possibilidade em minha mente ao pensar no que queria e ao me permitir imaginar como seria dar esses passos.

O começo de uma história

Com o passar dos anos, a pintura ficou escondida no fundo do meu inconsciente e a vida se impôs. Mudei para Washington, D.C., onde comecei a trabalhar, depois fui para Boston, onde cursei a faculdade de direito. Por fim, me mudei para Nova York, onde conheci meu marido, Chris, e então passei a exercer a advocacia. Nós nos casamos, voltamos para Boston por causa do trabalho do Chris, e começamos a vida juntos. Os anos se passaram, e em um determinado dia Chris sugeriu uma viagem de fim de semana para desfrutarmos do outono em Vermont. A única coisa que passou pela minha cabeça foi aquela pintura. Contei a história que tinha acontecido havia quase 10 anos, e Chris insistiu que fizéssemos uma parada no The Mill para almoçar e ver se a pintura ainda estava lá.

A viagem ainda levaria algumas semanas, mas a ideia de rever o quadro – não de comprá-lo, apenas vê-lo – animou meu espírito e inspirou minha mente a recomeçar a sonhar. A pintura saiu do fundo da minha mente, onde estava armazenada, e deu um jeito de fazer sua mágica para me reencontrar, como um farol. Obrigada, SAR. Que sensação estimulante. Sei que você sabe o que eu quero dizer. Todo mundo já sentiu essa antecipação de algo que queremos chegando cada vez mais perto de nós. Parece uma celebração do espírito, antes mesmo de realizar o sonho... mesmo que ele nunca aconteça.

Ainda na estrada, pude sentir a energia se movendo pelo meu corpo do mesmo jeito que a eletricidade viaja pelo fio até o interruptor que acende a lâmpada. Quanto mais nos aproximávamos do destino, o quadro aparecia com mais clareza em minha mente. Ao estacionar no The Mill, meus cinco sentidos estavam em alerta. Ao entrar, encontrei outro quadro da mesma artista, Gaal Shepherd, pendurado na recepção. Meu coração deu um salto. *É um sinal. Ai, meu Deus, ainda está aqui.* Segurei as mãos de Chris e o levei para conhecer o The Mill, sala por sala, numa procura frenética pela "minha" pintura.

Mas o quadro não estava mais lá

Chris me abraçou. "Lamento muito, querida."

O mais surpreendente foi o fato de Chris ter se mostrado mais decepcionado do que eu. Eu senti um pouco de tristeza, é claro, mas acho que teria ficado surpresa se o quadro ainda estivesse lá depois de tantos anos. E é aqui que está a lição mais importante: a atitude *high five* acredita que tudo é possível, mesmo quando parece que toda a esperança está perdida.

Olhei para ele e disse: "Tudo bem. Não temos mesmo dinheiro para comprar. Agora virou missão." Depois, ri e acrescentei: "Provavelmente, vou demorar uns 40 anos para juntar dinheiro e adquirir o tal quadro, então vou precisar descobrir o inventário de quem o tiver comprado, porque o dono original estará morto. Mas vou achar essa pintura." Eu acreditava nisso.

A vida seguiu, e o quadro foi novamente arquivado em meu inconsciente. Compramos uma casa que precisava de reformas. Fiquei grávida do nosso primeiro filho. Então, no meu aniversário, Chris sugeriu que nossos amigos e familiares fizessem uma vaquinha para que eu pudesse comprar uma coisa bacana para a nossa casa. Ele me deu um cartão com uma boa quantia e me disse para comprar o que eu quisesse. Tenho certeza de que ele pensou que eu iria comprar algo útil, como banquetas para a nossa cozinha.

Mas eu só conseguia pensar no quadro. Não esqueça que algumas centenas de dólares não me permitiriam comprar nada daquela artista. Muito menos a "minha pintura". Gaal Shepherd se tornou muito popular na década anterior e fez exposições em galerias de arte por todo o país. Mas uma mente aberta permite apenas que o lixo passe pelo filtro. Na minha mente, dinheiro e permissão para comprar "o que eu quisesse" era sinônimo de oportunidade. Quando a mente está aberta, é isso que você vê: oportunidades por todos os lados. É assim que o SAR e o Efeito Zeigarnik ajudam você.

Não pensei na lista de motivos para que a compra nunca se concretizasse. Não me convenci a desistir, como fiz com outros desejos. Eu não tinha dúvida, apenas a inspiração me movia. Peguei o telefone como se tivesse 1 milhão de dólares no bolso e liguei para o The Mill. Uma pessoa gentil me atendeu, expliquei a situação. Ele disse que me enviaria sem problema algumas fotos Polaroid com "obras pequenas" da artista.

Quando ele disse "obras pequenas", senti minhas bochechas esquentarem. E meu sistema nervoso foi ativado. Quando o corpo entra em modo de alarme, o SAR perde o foco e os pensamentos negativos tomam conta de tudo. É assim que se vai do máximo ao mínimo.

O que estou fazendo? Quem sou eu para comprar uma obra de arte? Nossos móveis são uma mistura de itens de segunda mão com peças da Ikea. E a coisa mais próxima de "arte" que eu tenho é um pôster do Matisse que fica na geladeira e antes decorava meu quarto no dormitório da faculdade. Obras pequenas? Que droga, não tenho dinheiro sequer para comprar uma das obras pequenas. Sou uma mulher grávida de 30 e poucos anos que luta para pagar as contas no fim do mês. Eu deveria desligar o telefone agora.

Fiquei envergonhada por não ter muito dinheiro e comecei a pensar que devia usar o que tinha ganhado para comprar algo de que precisávamos, como um berço para o bebê que estava prestes a nascer.

O estresse em meu corpo desencadeou uma reação negativa em minha mente. Assim que o sujeito ao telefone falou "obras pequenas", os pensamentos negativos que atingiram meu cérebro começaram a se movimentar como uma nuvem de poeira. E quando a gente sente uma tempestade de areia se formando, precisa afastá-la. Como eu havia dito, quando os pensamentos são negativos, realizamos ações negativas, razão pela qual eu quase desliguei o telefone.

Quando você sente que o sistema nervoso fervilhou e foi inundado por ondas de estresse, é preciso intervir. Lembra-se do que disse a neurocientista Judy Willis? Quando o corpo está estressado, há um prejuízo de nossa capacidade cognitiva. Foi o caso. O livro *O poder dos 5 segundos* ajuda muito em situações semelhantes a essa que passei. Simplesmente conte 5-4-3-2-1 e conseguirá interromper a espiral de negatividade. Infelizmente eu ainda não tinha inventado essa prática. Então, fiz a segunda melhor coisa que podia naquele momento: respirei fundo, pensei no quadro e disse: "Eu não estou pensando nisso." Então visualizei a pintura pendurada na parede da minha cozinha. E invoquei a energia *high five*.

Eu disse ao moço do The Mill:

– A propósito, havia uma obra que eu amo de paixão. Ela ficou no restaurante durante anos. Tinha o tamanho de uma porta virada de lado... – E continuei descrevendo a pintura da paisagem de Vermont em detalhes.

Ele fez uma pausa e comentou:

– Estou aqui há pouco mais de um ano e os quadros dela chegam e saem muito rapidamente. Eu não gostaria de arriscar a dizer nada, mas acho que já não estava mais aqui quando eu comecei a trabalhar. Sabe de uma coisa? Gaal deve saber onde está.

– Gaal? A artista Gaal Shepherd? Você a conhece?

Ele riu.

– É claro que a conheço. Ela mora a alguns quilômetros daqui. Vou pegar o telefone dela.

Quase tive um ataque cardíaco

Eu havia mantido uma conexão secreta com essa mulher por mais de uma década e agora eu tinha seu número de telefone. O que eu poderia dizer a ela, especialmente sabendo que não tinha dinheiro para comprar nenhuma obra, mesmo as "pequenas", como disse o sujeito do restaurante?

Percebam que estou começando a me sentir estressada novamente, o que abre a porta para os pensamentos negativos. Quando nos estressamos, a mente perde a capacidade de permanecer positiva e aberta. Não podemos permitir que isso aconteça, porque pensamentos negativos levam a ações negativas, lembra-se? Comecei a procrastinar. Refleti durante alguns dias, na tentativa de achar a abordagem perfeita.

Chris não parava de me perguntar: "Já ligou para ela?"

Eu tinha desculpas sem fim para não ter feito a ligação. Mas a verdade é que estava com medo. Estava insegura. Queria que ela gostasse de mim. Estava com medo de dizer algo estúpido, de fazer papel de boba. Eu não era uma cliente sofisticada que comprava obras de arte, muito menos o tipo de pessoa com quem ela estava acostumada a lidar. A vontade de agradar estava me paralisando.

Certo dia, Chris deu um basta. Pegou o telefone e disse: "Mel, se você não fizer a ligação agora mesmo, eu vou começar a discar." Ele tinha aquela expressão de frustração que significava que estava falando sério. "Ok, vou ligar."

O telefone tocou algumas vezes e então Gaal Shepherd atendeu. Ela mal tinha dito "alô" e eu já estava falando a mil por hora. Por sorte, não a assustei, não fiz papel de boba. Nós nos entendemos imediatamente. A certa altura, ela perguntou por que eu gostava tanto de seu trabalho. Contei que Chris e eu passamos muito tempo caminhando pelas montanhas e que "houve momentos em que depois de uma curva abriu-se uma vista deslumbrante. Nessa hora, eu sempre me perguntava se outra pessoa tinha visto o que eu estava vendo, e seu trabalho confirmava que alguém mais tinha visto aquele cenário".

Então, falei o que eu queria dizer o tempo todo: "A propósito, havia uma obra que eu amava de paixão e durante anos esteve no restaurante. Tinha mais ou menos o tamanho de uma porta colocada de lado..." e Continuei descrevendo o quadro em detalhes. Do outro lado, silêncio. Dava para escutar a respiração de Gaal.

De repente, ela disse: "Sabe, Mel, ao longo dos anos eu pintei centenas de cenários de Vermont em grandes formatos e odiaria me confundir sobre esse a que você está se referindo. Então, que tal fazermos o seguinte: você e Chris escolhem uma data e nos encontramos no The Mill, e saímos para dar uma volta pelos arredores? Vou lhe contar as histórias por trás de cada pintura que está pendurada lá. E se você não gostar de nada do que vir, podemos ir ao meu estúdio, a alguns quilômetros dali, e lhe mostro no que estou trabalhando. E se nada que estiver lá encantar você, pode pesquisar os meus álbuns de fotos e talvez consiga encontrar essa pintura."

Um mês depois fomos ao encontro de Gaal e seu marido para almoçar no The Mill. Ela foi adorável, talvez tivesse o dobro da nossa idade, e nos recebeu como velhos amigos. Caminhamos pelo The Mill, olhando seu trabalho enquanto ela nos contava a história por trás de cada obra. As pessoas se aproximavam e diziam oi, e meu entusiasmo aos poucos estava se tornando pavor, porque percebi que não poderíamos pagar por nenhum dos quadros que estávamos vendo. Por fim, nos sentamos para almoçar no mesmo lugar em que eu vira o quadro pela primeira vez, em 1989. E, sim, pedi a sopa de queijo cheddar. Depois que todos fizemos os pedidos, Gaal olhou para mim e disse uma frase que nunca esquecerei: "Agora que você está sentada, quero dizer uma coisa." O barulho do entorno pareceu silenciar.

Ela continuou: "Nunca senti nada parecido com o que estou

prestes a lhe dizer. Quando você me ligou e descreveu a pintura, fingi que não sabia de qual quadro você estava falando, mas, Mel, sei exatamente qual é."

O marido a interrompeu. "Você precisava ver como ela ficou depois que desligou o telefone, parecia que tinha visto um fantasma."

Gaal assentiu e então afirmou: "Houve apenas duas ocasiões em toda a minha carreira como artista que fiz duas versões da mesma cena, ao mesmo tempo. Sua pintura faz parte de um par. Deixei uma para vender no The Mill e a outra guardei no meu estúdio."

Então ela começou a chorar enquanto contava: "A pintura que você viu neste restaurante anos atrás ainda está no meu estúdio a alguns quilômetros daqui. Nunca a tirei do depósito. Ela está lá durante todos esses anos. Por esse motivo fiquei calada quando você começou a falar da pintura ao telefone. Você descreveu o quadro que está no depósito. Cheguei a pensar em colocar uma moldura para vendê-lo várias vezes, mas não sei por que nunca fiz isso. Agora eu sei a razão. Acho que estava esperando que você viesse procurá-lo."

Algo mágico estava acontecendo

Todos nós sentimos que algo extraordinário estava acontecendo. Depois do almoço, fomos de carro até seu estúdio. Logo na entrada, bem no meio do espaço, havia um cavalete com a tela encostada num grande compensado de madeira. Aquele foi o momento mais incrível da minha vida. Era como se o tempo tivesse se desintegrado e eu estivesse vivendo simultaneamente dois momentos (com um intervalo de 11 anos entre eles). Era como se eu estivesse naquele restaurante movimentado de tantos anos antes, afirmando que aquela pintura um dia seria minha, e ao mesmo tempo estivesse no momento presente, olhando para o quadro. Foi a sensação mais forte de intuição, compreensão e conexão com algo que já senti. É por isso que acredito que este momento está preparando você para algo que está por vir.

Não sei por quanto tempo fiquei lá no estúdio de Gaal olhando a pintura. Num certo momento, Chris me abraçou, e meu coração ficou apertado.

Não temos dinheiro para comprá-lo.

Olhei para Chris, e ele não perdeu o compasso: "Ei, Gaal, quanto custa o grandão?"

Ela respondeu: "Mel pode levá-lo por 500 dólares porque eu claramente, quando o pintei, estava fazendo para ela."

Nessa hora, meu coração derreteu. Uma coisa era ver o quadro. Outra bem diferente era poder comprá-lo. Ele era meu. Consegui. Durante 11 anos eu me permiti acreditar que poderia ter o que queria. Afastei os pensamentos negativos. Nunca perdi a esperança. Mantive a mente aberta para a possibilidade. Continuei seguindo nessa direção. Acreditei, e minha mente me ajudou a chegar lá. Manifestei o que queria. Dei *high five* para mim mesma em cada etapa do caminho.

Estava em êxtase e ao mesmo tempo exausta. Não era uma exaustão emocional. Era mental. Depois de 11 anos mantendo o quadro na lista de "coisas importantes" do cérebro, minha mente podia enfim eliminar esse item e esquecê-lo. Ela tinha feito seu trabalho. A pintura agora poderia viver em uma parede em vez de ficar no fundo da minha mente. Foi uma imensa sensação de realização.

Saí do estúdio com a pintura. Quando cheguei em casa, a única parede em que cabia era a do nosso quarto. Tive que pendurá-la, pois precisaria de mais um ano para ter dinheiro para emoldurá-la.

A pintura hoje está na minha cozinha. É uma prova, uma lembrança física, de algo em que acredito profundamente.

A mente foi projetada para ajudar você a realizar os sonhos

Sabe qual é o seu trabalho? Acreditar que é possível e ter coragem de continuar caminhando na direção certa. Não importa o que aconteça, continue acreditando, não planeje quando e como sua linha do tempo desabrochará.

Levei 11 anos acreditando antes de conseguir comprar aquela pintura. E essa história não acabou com essa aquisição. Agora eu percebo que o fato de minha sonhada pintura retratar uma linda e convidativa paisagem de Vermont não é coincidência. Foi um sinal que me conduziu a um destino.

Penso nisso como uma grande flecha celestial me indicando o capítulo da minha vida que estou vivendo agora, duas décadas depois. Sempre é possível conectar os pontos se você estiver olhando para o passado. A verdadeira arte é acreditar que este momento é o ponto que está conectando você a algo incrível que está por vir.

A confiança é um componente importante – confiar em você mesmo, em suas habilidades, na natureza divina das coisas. Que tudo em sua vida o está preparando para algo que ainda não aconteceu. Você pode não ser capaz de ver como todos os pontos se conectam no mapa da sua jornada, mas eles estão de fato conectados.

Você pode não se apaixonar por alguém no bar esta noite, entrar na lista dos mais vendidos desta vez, vencer a eleição, conseguir o financiamento daquela empresa de capital de risco ou não entrar no mestrado que queria. O importante não é conseguir as coisas *quando* quer obtê-las. É permitir que as coisas que você quer o levem a vencer os medos, as dúvidas, a resignação. Os sonhos ensinam a acreditar em algo maior, a acreditar em você e em sua capacidade de fazer qualquer coisa acontecer.

Portanto, confie. Confie em sua capacidade de enfrentar este desafio, anime-se a seguir em frente, cuide de si mesmo ao longo do caminho. E pelas manhãs, ao se olhar no espelho, arranje um tempinho para sorrir, sabendo que em algum momento tudo se encaixará de maneira perfeita, quase mágica. E, ao levantar a mão para o seu reflexo no espelho, sem dizer uma palavra, mentalize: "Acredito em você. Amo você. Agora, siga em frente porque algo incrível está chegando."

CAPÍTULO 15

No fim, tudo faz sentido

Por acaso você já sentiu que havia algo estranho em sua vida, mas não conseguia definir o que era? Eu me senti assim nos últimos anos. Não era o tempo todo; somente nos momentos de quietude eu me sentia inquieta.

Sempre que eu entrava em um avião a trabalho e desembarcava numa cidade diferente, eu passava por um momento de agitação e curiosidade ao pensar para onde Chris e eu iríamos depois. Dois de nossos três filhos haviam deixado o ninho e de alguma forma nossa maravilhosa casa de fazenda já não nos servia mais. Mas eu estava tão ocupada viajando a trabalho ou envolvida com a família enquanto as crianças cresciam que nunca tive tempo para reflexão. A única vez que me senti mais íntima de meus próprios pensamentos foi quando estava a 30 mil pés de altitude. Quando o avião tocou a pista, pensei: *Aqui? Austin? San Diego? Nashville? Nova York? Será este o próximo capítulo para nós?*

Então, um pouco antes de a pandemia estourar, meu filho Oakley, que estava no nono ano na época e tentando descobrir para onde ir para fazer o ensino médio, nos lançou um desafio. Insistiu que queria fazer o ensino médio no sul de Vermont, onde os pais de meu marido moraram por duas décadas. Nessa altura, tínhamos morado nos arredores de Boston por 25 anos. Nosso time estava em Boston. Nossos amigos estavam em Boston.

Nossa vida era em Boston. Adoro o sul de Vermont, mas minha reação foi um *não* firme.

Acho que as palavras que usei foram: "Mudar para Vermont? É para lá que as pessoas vão quando se aposentam." Não consegui me ver indo morar "no meio do nada". Não ia deixar meus amigos ou a vida que construímos em Boston. Não tinha como competir nos negócios a menos que estivesse em uma cidade grande. E a distância para o aeroporto regional era de quase duas horas. De jeito nenhum.

Oakley insistiu. A dislexia dificultou sua vida escolar, e ele tinha certeza de que o passo mais adequado seria uma escola pública em Vermont. Eu tinha certeza de que era possível encontrar uma escola incrível na área de Boston. Chris e eu brigamos por causa disso. Minha sogra estava pressionando pela ideia nos bastidores. Ela chegou a me lembrar quanto Chris gostava de praticar esqui, ao que retruquei: "Não me importa o que Chris gosta de fazer. Não vou me mudar para Vermont de jeito nenhum."

Sabe aquela frase "Vida é o que acontece enquanto você está ocupado fazendo outros planos"? Eu estava ocupada planejando não me mudar para Vermont. Acho que não estava prestando atenção para onde todos os pontos estavam me levando.

Uma médium conectou os pontos

Sim, você leu corretamente. Um mês depois de eu dizer a Oakley que não iríamos nos mudar, uma médium participou do meu *talk show*. Ela se comunicava com os mortos desde os 5 anos. *(Adoro esse tipo de coisa.)* Ela fez uns comentários impressionantes para pessoas da plateia que levou todo mundo às lágrimas, e todos os céticos presentes se converteram à sua palestra hipnotizante.

Depois, ela se virou para mim e perguntou se poderia falar algo sobre a minha vida. É claro que eu disse sim.

Ela me contou que havia um homem parado atrás de mim e que ele usava uniforme militar. Imediatamente pensei em meu falecido avô Frank Schneeberger, que foi da Marinha, mas ela disse que não era ele. Tratava-se de um piloto condecorado, da aeronáutica. *Piloto?*, pensei. Não conheço ninguém que foi piloto da Força Aérea.

Ela continuou: "A letra K ou o nome Ken significam alguma coisa para você?"

Respondi: "Ken? É assim que chamo minha filha Kendall. O nome dela é uma homenagem ao pai do Chris. O segundo nome do meu sogro era Kenneth. Também o chamamos de Ken, mas ele nunca foi militar. Ele tinha uma agência de publicidade."

A médium então disse: "Seja quem for que está em pé atrás de você está ficando agitado e quer que você verifique esta informação com sua família." *(A audácia de pessoas mortas.)*

A essa altura, os produtores conversaram com Chris ao telefone e, para minha surpresa, ele confirmou que seu pai foi um piloto reserva na época da faculdade, algo que eu nunca soube. Ele nunca teve a chance de voar porque um teste revelou que Ken era daltônico, mas esse sempre foi seu sonho.

A médium acenou com a cabeça. Ela parecia saber que Ken era o tipo de sujeito que escolheria um detalhe obscuro (e não pesquisável no Google) como esse para eliminar a incredulidade. Ela então prosseguiu, me dizendo que Ken tinha muitos netos (verdade), mas que o mais novo, em quem ele estava de olho, era meu filho. E que Ken tinha ido ao programa para me dar um recado: "Há algo acontecendo na escola, e você não vai gostar disso, Mel, mas você precisa escutar seu filho."

Eu tive uma experiência extracorpórea. Não conseguia mais sentir a cadeira onde estava sentada, porque naquele momento parecia que eu estava flutuando. Senti a presença de Ken lá.

A questão é que eu não tinha contado a ninguém sobre as

discussões que estava tendo com Chris e Oakley sobre a mudança para Vermont. E quando eu digo ninguém, é ninguém mesmo. No meu entender, a decisão havia sido tomada. Havia um mês. Oakley estava indo para uma escola em Boston.

Eu sabia exatamente o que Ken estava me dizendo: *Mude-se para Vermont. Confie.*

A casa da família

Saí do cenário falando sozinha: "Não acredito nisso. Preciso me mudar para Vermont." Eu estava em estado de choque, porque sabia que essa mensagem era verdadeira.

Liguei para Chris e disse o que acabara de acontecer. Ele respondeu: "Não contei ainda, mas ontem mamãe me ligou. Há um ano ela começou a conversar com o proprietário de um apartamento em um condomínio onde vários amigos dela estão morando e fez uma proposta a ele. Ontem mamãe me perguntou se não queríamos comprar a casa que papai e ela construíram. Respondi que não, que tínhamos decidido ficar em Boston."

Tudo se encaixava. Confiei e disse: "Diga a sua mãe que vamos comprar a casa."

Um pouco antes de a pandemia estourar, compramos a casa e começamos uma reforma. Matriculamos Oakley no colégio público que ele escolheu. Chris está muito feliz porque pode esquiar todos os dias. Olho pela janela da cozinha e não vejo viva alma num raio de 220 quilômetros (o que às vezes me apavora). Mas algo mais aconteceu.

Nos últimos cinco anos de um dia a dia muito agitado, percebi que estava perdendo a conexão comigo mesma e, para ser sincera, também com Chris e as crianças. O que me levou a ter essa percepção foi a relativa calma da zona rural de Vermont, que foi o pano de fundo perfeito para revelar o que estava se passando dentro de mim. Não tive escolha a não ser me aquietar e dar uma parada – momento ideal para retirar o filtro, analisar os resíduos e limpá-los de uma vez por todas.

A mudança para Vermont reacendeu meus temores de não ser suficientemente bem-sucedida. Morar numa cidade de 3 mil pessoas, que é o mesmo tamanho da cidade em que cresci, me deixou insegura e com dúvida se eu conseguiria fazer amigos ou contratar profissionais para me ajudar a expandir o meu negócio. Eu ficaria para trás e não conseguiria acompanhar o pessoal de Boston, Los Angeles ou Nova York. Todos os meus medos e as minhas inseguranças ressurgiram com força. Tive que encarar a mim mesma.

A mudança também me fez perceber que sempre regulei minha ansiedade e meu estresse tentando fugir deles. Se eu me mantivesse sempre em movimento, correndo para chegar a tempo em uma reunião, para fazer compras, ou para completar outra ligação, esses sentimentos não me alcançariam.

É maravilhoso descobrir quem somos realmente

Escute quando a vida diz *Isso está destinado a você*. Nem em um milhão de anos eu teria visualizado Vermont como o lugar onde estaria morando agora. Mas era o que eu queria. Menos tempo viajando. Mais tempo com a família. Menos tempo me preocupando com bobagens, mais tempo sendo assertiva em relação ao meu trabalho e ao rumo que ele está tomando. Menos ansiedade, mais prazer. Tenha cuidado com o que deseja porque o SAR está prestando atenção nesse querer.

No processo de escrever o próximo capítulo, tive que diminuir o ritmo da minha vida e deste livro de maneira deliberada e intencional. Tive que aceitar o que vinha dizendo o tempo todo que queria: deixar os aviões e a estrada de lado. E trabalhar do meu jeito, morar num lugar que me fizesse mais feliz e realizada. Estou falando sério sobre parar com as histórias que venho contando a mim mesma sobre quem preciso ser e como preciso viver para ser bem-sucedida. Tenho a sensação de estar embarcando no capítulo mais criativo de toda a minha jornada porque não estou tão ocupada correndo de um lado para outro. É estimulante e assustador. Exatamente como a vida: uma onda com altos e baixos que estou escolhendo surfar.

Percebi que tenho uma equipe. É virtual, como tantas outras trabalham agora. Com exceção de Jessie, produtora de vídeo do Baltimore Ravens que se mudou, junto com o noivo, para Vermont um pouco antes de a pandemia ter início. Por coincidência, uma das minhas necessidades mais urgentes era encontrar um editor de vídeo para a minha equipe de mídia social. Eis que surge Jessie como um presente. Depois, outra boa surpresa: a redatora Amy, que morava nos arredores de Nova York e chegou neste outono, atraída, como nós, pela mesma escola e pela mudança de estilo de vida que a região proporciona. Por fim, Tracey, uma de minhas colegas mais valiosas, se mudou para Vermont, onde seu parceiro estava começando a faculdade de medicina. Como náufragos em uma nova terra, nos unimos para iniciar este novo capítulo.

Todos os dias meu SAR muda de *O que diabos eu fiz?* para *Será que isso vai funcionar?*. Ou *Isso está funcionando.* Ou *Aqui é exatamente onde eu preciso estar.* E eu me sinto segura ao saber que, embora este novo capítulo seja incrível, tenho as ferramentas para mudar minha vida novamente se algum dia surgir a oportunidade para algo novo.

Acordar em Vermont me ensinou uma grande lição: somos o nosso próprio farol. O propósito dos sonhos é agir como um farol e nos guiar pelos momentos desafiadores à frente. Mas é preciso lembrar: você nasceu com esses sonhos. Eles fazem parte de seu DNA. Eles são parte de você, o que significa que você é a luz.

O erro que todos cometemos é confiar em algo externo para nos animar. A ideia de ter um grande amor, o emprego mais lucrativo ou a casa mais chique: achamos que todas essas coisas nos fazem sentir que a vida está nos dando um *high five*. Mas precisamos aprender a fazer isso sozinhos. Precisamos criar os sentimentos que queremos – de felicidade, alegria, otimismo, confiança e celebração. A sensação de ser aplaudido, por exemplo, começa com você aplaudindo a si mesmo.

Arrisco dizer que nunca experimentei um contentamento tão puro quanto agora. Sempre fui uma pessoa muito positiva, sempre tive grandes momentos de felicidade e diversão, mas me sentir conectada comigo mesma e pautada por uma visão de vida sempre me faltou. E eu nunca soube a razão. Sei também que não poderia ter me mudado para Vermont mais cedo. Tudo o que aconteceu antes me preparou para estar aqui agora. Os pontos que se conectam no mapa da minha vida me levam para o que estava destinado a acontecer. Da mesma forma que os pontos da sua vida o levam para o que estiver destinado a você.

Incerteza e desconforto

Mudar nunca é fácil. Nos primeiros quatro meses na casa, eu acordava e dirigia até Boston (não estou brincando) todos os dias. Porque é o que a gente faz quando se sente bloqueada e não consegue lidar com o novo: foge. Percebo que tenho feito isso a minha vida toda: correr. Eu exalo confiança, mas por muitos anos não me senti segura sobre a minha capacidade intelectual. Ainda mais quando estava interagindo com outras pessoas ou quando estava passando por grandes mudanças ou situações incertas. A mudança de casa e de cidade me ensinou a sentir as ondas da incerteza e do medo e não fugir, mas ficar firme e sentir o desconforto e a olhar para mim mesma no espelho. E me tranquilizar: vou ficar bem.

Quando me consultei com um clínico-geral nascido e criado em Vermont, ele me disse que em 40 anos de consultório viu muitas pessoas se mudarem para a cidade e a maioria não se adaptou. "Todo mundo quer fugir de algum lugar e, em geral, de seus problemas, mas acaba levando os problemas para onde quer que vá. Num ambiente novo e especialmente calmo como este, não tem para onde fugir. Tem que conviver com você mesmo."

Percebi que, assim como um passarinho na gaiola batendo as asas, eu precisava refletir sobre o meu desconforto e entender o que ele significava. Eu tinha que acordar, colocar a mão sobre o coração e dizer a mim mesma o que precisava ouvir. Eu tinha que procurar objetos com o formato de coração e confiar que conseguiria ver outros sinais. Eu tinha que dar um *high five* para mim mesma no espelho e me animar em meio à névoa e os pensamentos negativos e seguir com o meu dia.

A cidade muda, os sonhos vão junto

Aprendi a confiar em cada ferramenta que apresentei neste livro. E quero que você também confie. A vida está sempre ensinando alguma coisa, nos prepara para algo incrível que ainda não conseguimos ver. O desconforto é temporário. Você tem que contar 5-4-3-2-1 e colocar um pé na frente do outro. Precisamos manter o filtro limpo e a mente aberta. Por causa do *high five*, vi com clareza que posso expandir meu negócio no aconchego desta montanha. Posso montar uma equipe aqui, e há bastante espaço para a mesa de bilhar no estábulo. A pintura de Gaal Shepherd pode ficar pendurada na minha cozinha. Chris e eu podemos ser muito felizes. Podemos não, seremos. Porque é isso que eu quero.

Os sonhos não desaparecem. Nascemos com eles, foram feitos para cada um de nós. Isso significa que os levamos para onde queremos e em qualquer versão de nós mesmos que criarmos. Portanto, pode parar de correr e começar a gostar deles. Podemos também *ver* e *ouvir* e *sentir* todas as pistas que a vida está dando sobre o que nos foi destinado. Somos convocados de diferentes maneiras a ser a melhor e mais incrível versão de nós mesmos. Queremos um casamento *high five*, queremos ser pais *high five*. Queremos amizades *high five* e uma carreira *high five*. Onde quer que haja um sonho, confie que você pode realizá-lo.

E saiba que estou ao seu lado, levantando a mão para celebrá-lo. Um *high five* para você, meu amigo. Eu vejo você. Acredito em você. Agora é a sua vez de acreditar em si mesmo e realizar seus desejos.

Espere um pouco... Tem mais!

Como acordar por você

Você sabe que não posso simplesmente sair daqui e dar uma passadinha na sua casa e levantar a mão para dar um *high five*. Sei o que você está pensando:

Ok, Mel. Você me conquistou com o high five *no espelho, mas estou confuso. Devo me mudar para Vermont com você? Conversar com uma médium? Devo comprar uma pintura? Será que preciso de um vestido de baile? Devo procurar por corações e Acuras vermelhos? Parece que estou invertendo o meu SAR? O que estou fazendo exatamente? Explique-me por que você prometeu, no Capítulo 1, que ia "segurar a minha mão".*

Estou feliz por você ter perguntado. Vou ajudar você. Vamos voltar ao início, quando nos encontramos pela primeira vez: seu espelho do banheiro, suas roupas íntimas. A diferença é que agora você vai incorporar todas as ferramentas e pesquisas que aprendeu neste livro.

Uma manhã *high five*

É composta por uma série de compromissos simples. Cada compromisso está respaldado em pesquisas, é fácil de fazer, é agradável e proporciona várias pequenas vitórias que nos preparam para iniciar o dia e entrar em ação.

Tudo começa quando o alarme do despertador toca. Veja a seguir a ação a ser realizada e o que ela nos ensina de mais profundo.

- ✓ *Coloque-se em primeiro lugar – Levante-se quando o alarme tocar.*
- ✓ *Diga a si mesmo o que você precisa ouvir – Diga: "Estou bem. Estou seguro. Sou amado."*
- ✓ *Presenteie-se – Arrume a sua cama.*
- ✓ *Celebre a si mesmo – Dê um* high five *para sua imagem no espelho.*
- ✓ *Cuide-se – Vista suas roupas de ginástica.*
- ✓ *Treine o seu SAR – Sonhe pela manhã.*

Uma manhã *high five* é aquela em que você vem em primeiro lugar. Esses compromissos ajudam você a priorizar suas necessidades e seus objetivos antes de sua lista de afazeres, de seu telefone, das redes sociais, dos e-mails do trabalho, da turbulência das notícias dos jornais, das necessidades de sua família e tudo o mais que está fora de seu controle. Quando você cumpre esses compromissos simples, está se colocando em primeiro lugar. Todas as manhãs. Todos os dias. Ponto final. Assim como no *high five*, a lista de compromissos à primeira vista parece meio boba e óbvia, então vou detalhar cada um de modo que você compreenda o significado profundo por trás deles.

1. Coloque-se em primeiro lugar.
Levante-se quando o alarme tocar

À noite, antes de apagar a luz, pare um minuto para pensar na manhã do dia seguinte. *Que tipo de manhã você precisa para se sentir respeitado?* A que horas você realmente precisa se levantar para ter tempo suficiente para si mesmo? Muitas vezes, nos levantamos todos os dias na mesma hora por puro hábito.

Quando você pensa sobre o que precisa nesse momento, pode pular da cama mais cedo. Talvez tenha que ir dormir mais cedo. Se os seus filhos são pequenos ou seu expediente no trabalho começa cedo e você quer se exercitar e meditar durante 15 minutos, tem que fazer isso às cinco ou seis horas da manhã. É isso. Pare de reclamar e programe o alarme do despertador. Pode ser que você tenha que desistir de sair à noite com seus amigos para conseguir o tempo de sono de que precisa. Coloque-se em primeiro lugar.

Quando o despertador tocar, levante-se. Nada de apertar o botão soneca. Sem reclamar. 5-4-3-2-1, simplesmente saia da cama. Isso não tem nada a ver com ser uma pessoa matinal. É então que você percebe a importância da ciência que está aprendendo. Seu SAR está prestando atenção. Se você sempre aperta o botão soneca, está dizendo ao SAR que não faz o que diz que vai fazer, e isso afeta como o SAR filtra sua visão de si mesmo.

Isso é mais do que um sinal de alerta. Mais do que um despertador. É um compromisso. Quando você programar o despertador esta noite, estará se comprometendo, estará dizendo *eu sou importante*. Amanhã, quando o alarme tocar, mantenha o compromisso. Levante-se imediatamente. Não entenda o despertador como uma obrigação, mas como uma oportunidade. É um sinal de que os próximos 10 a 30 minutos são um presente para você.

Faça. Não olhe para o seu celular.

2. Diga a si mesmo o que você precisa ouvir. Diga: "Estou bem. Estou seguro. Sou amado."

Concentre-se. Em vez de começar o dia hipnotizado por qualquer coisa que apareça na tela de seu smartphone, coloque a mão no coração e diga "Estou bem. Estou seguro. Sou amado" quantas vezes precisar ouvir. Parabéns, você acabou de somar duas pequenas vitórias: levantou-se da cama e atendeu suas necessidades, e o sol ainda nem apareceu. *High five,* você conseguiu. Você se concentrou e se colocou em primeiro lugar.

3. Presenteie-se. Arrume a sua cama

Comecei a arrumar a cama para não poder voltar e me enfiar debaixo das cobertas quando minha vida estava um caos, há 10 anos. Com o tempo, percebi que arrumar a cama é outra forma de fortalecer o músculo da disciplina e do comprometimento. É um belo presente que você pode dar a si mesmo. É um presente porque sempre que você entrar em seu quarto, verá uma bela cama em vez de uma bagunça que precisa ser organizada. Além disso, quando entrar no quarto à noite, encontrará um lugar agradável para se deitar e sonhar.

Você está arrumando a cama para você. Está arrumando a cama porque disse que faria. Eu arrumo a minha todas as manhãs, não importa onde eu esteja. Chego a arrumar a minha metade da cama se Chris ainda estiver dormindo. Por quê? O segredo de se colocar em primeiro lugar é praticar o que você disse que precisava fazer antes de qualquer desculpa, sentimento ou mudança de local.

4. Celebre a si mesmo. Dê um *high five* para sua imagem no espelho

Vá direto para o banheiro e diga olá ao seu maior aliado e melhor amigo: você. Sorria. Levante a mão em comemoração. Reflita por um momento. Você consegue.

5. Cuide-se. Vista suas roupas de ginástica

Movimento meu corpo todos os dias. Os benefícios físicos e mentais são confirmados pela ciência e por evidências da vida prática. Você sabe disso tão bem quanto eu: é preciso se mexer e suar. Mas saber disso não é o suficiente para obrigá-lo a praticar exercícios. Mesmo ciente de que deveria se movimentar todos os dias, é provavelmente a última coisa que você quer fazer.

Então, criei um hábito simples: coloco as roupas de ginástica no chão do meu closet todas as noites, como uma armadilha, e isso me obriga a vesti-las de manhã, antes de sair do quarto. Se eu passar por cima delas, estaria dizendo: "F*-da-se, Mel", então estou me culpando por fazer isso (culpa produtiva). Uma vez que você vestiu uma roupa confortável, já está pronta para a prática de ioga, por exemplo, além de facilitar a inclusão do exercício em sua rotina.

É por isso que não encaro esse compromisso como *Exercitar-se todos os dias*. Isso parece uma coisa bem difícil de realizar. Quando você já está sobrecarregado, não tem condições de manter esse compromisso. Quero que a expectativa de vitórias seja baixa. Quero criar estímulos. Você ganha um *high five* só por colocar aquelas malditas roupas de ginástica. É assim que eu faço. Celebro tudo. É por isso que crio compromissos fáceis: mão no coração. Acordar. Arrumar a cama. Dar um *high five* para o reflexo no espelho. Vestir as roupas de ginástica. Pronto! Cinco vitórias e você ainda nem tomou o café da manhã.

Agora você está mais próximo do objetivo, que é se exercitar. Estou facilitando a prática ao máximo porque o objetivo de acordar para si mesmo é fazer isso.

6. Treine o seu SAR. Sonhe pela manhã

Quando você pensa em sonhar, geralmente pensa em dormir. Quero que você comece a sonhar pela manhã como uma forma de trazer os desejos para o dia a dia.

Eu sento com o meu *diário high five* e preencho duas páginas com observações todas as manhãs. Se quiser experimentar essa atividade, veja alguns modelos desse método de registro diário e uma pequena explicação de como ele funciona como um presente para você no fim do livro.

No alto da primeira página, marco todas as coisas que acabei de fazer para me concentrar e refletir antes de agir. Marcar os itens reforça a sensação de alcançar cada pequena vitória. É uma forma simples de comemorar o progresso e a disciplina que estou desenvolvendo. Leva menos de um minuto e, quando termino, sinto-me muito presente e orgulhosa.

Depois, há um lugar para clarear a mente. Fazer uma "limpeza cerebral" é uma ótima maneira de limpar o filtro mental. Escreva exatamente o que você está sentindo. Alguns dias serão lindos; outros, uma enxurrada verbal. Mas praticar todos os dias vai trazer você para o momento presente. Vai ajudá-lo a processar as emoções, boas ou ruins, e colocá-las no papel. Percebi que quando não faço isso pela manhã, tento descontar os sentimentos ocultos em minha família, em meus colegas, no coitado do cachorro. (Desculpem-me, por favor.)

Por isso eu me permito estabelecer uma conexão com o que eu quero. Basta escrever cinco coisas que você deseja. Não faça julgamentos, não seja arrogante, não mude nada. Simplesmente escreva o que seu coração mandar.

Pode ser que a esperança de que um ente querido que esteja lutando contra a depressão se recupere. Escrevi recentemente que sonhei com a venda de ingressos para um evento transformador de dois dias de duração, para 5 mil pessoas, e que eles haviam esgotado. Sonhei ainda que tinha construído uma casa de praia num lugar incrível, que todo mundo aqui em casa adora, lá em Rhode Island. Às vezes, escrevo sobre nadar no mar e me divertir sem pensar em ser atacada por um tubarão. Há manhãs em que nossos desejos têm a ver com dinheiro, com fazer uma viagem com sua mãe ou ainda com a compra de uma picape superequipada. Seja o que for, permita-se desejar. E escrever aciona o SAR a ajudá-lo a concretizar as coisas que quer.

Você pode escrever sobre a mesma coisa todos os dias ou pode variar. Pode ser o sonho mais abstrato, extravagante ou grandioso, ou algo mais emocional. Pode ser algo que você quer comprar. Ou algo que deseja sentir. Ou apenas algo que pretende fazer. Permita-se sonhar sem restrições. Escreva sem desculpas. Você valida os sonhos registrando-os no diário. Pense que já disse não várias vezes aos antigos sonhos. Agora precisa treinar o SAR para dizer sim.

Esta é a manhã *high five*. Depois que você se colocou em primeiro lugar e pôs o SAR para pensar naquilo que deseja, sinta-se livre para verificar o smartphone (ou procurar por corações).

Mal posso esperar que você faça isso

Essas práticas são simples, mas quero que você acredite que realizá-las todas as manhãs, uma a uma, prepara você para um dia melhor e mais produtivo. São práticas muito mais abrangentes. Aquietam o sistema nervoso, dão foco à mente, servem de apoio.

Uma manhã *high five* tem a ver com desenvolver a confiança. Em nós mesmos. Em nosso corpo. Em nossos pensamentos. Em nosso espírito. Esses compromissos nos ajudam a ser bem-sucedidos, a criar uma intenção para o dia e a ter uma sensação de controle antes de nos aventurarmos pelo mundo, o que só nos torna mais confiantes.

Sobre sonhar pela manhã, vontades, desejos e intenções saem do fundo da mente e começam a caminhar ao nosso lado. Começamos a sentir que todos os dias, ao acordarmos, celebramos a nós mesmos e nos incentivamos a realizar o que desejamos. A única coisa que todos desejamos para aqueles que amamos terna e profundamente. Aquilo que precisamos imaginar e criar para nós mesmos: uma vida *high five*.

Um presente da Mel

Nunca me acuse de não dar a você alguma coisa. Eu avisei que desenvolvi um jeito especial de fazer diários e agora vou mostrar como colocar em prática.

THE

High 5

DAILY JOURNAL

Nas páginas a seguir, vou mostrar o método e como ele funciona. Incluí também alguns modelos de diário em branco para você experimentar. Se quiser mais opções, pode fazer o download gratuito no site High5Journal.com (em inglês).

Como dar um *high five*

1

Graças à neurociência, sabemos que um corpo estressado coloca o cérebro em modo de sobrevivência e mostra ameaças em vez de oportunidades. Portanto, todas as mudanças exigem que você primeiro sossegue o corpo.

2

Que tal fazer uma respiração profunda? É uma maneira eficiente de estabilizar o sistema nervoso porque ativa o nervo vago. Trata-se de sua arma secreta para acalmar instantaneamente o corpo.

3

Mãos sobre o coração tonificam o nervo vago. Este mantra é como você ensina o corpo a sensação de estar seguro e estável e de ativar o seu centro de calma e tranquilidade.

4

Seus sentidos são um canal para a energia do seu espírito. Comece a despertar essa energia agora para ouvi-la mais tarde.

5

Uma boa dica é nomear as sensações corporais, chave para uma autoconsciência mais profunda e modo de se sentir à vontade com você mesmo.

6

Meu hábito diário favorito para reprogramar o filtro da mente? Diga a si mesmo que vale a pena torcer por você, que seus sonhos são importantes, que você pode lidar com tudo o que aparecer em seu caminho.

7

Uma vez que o corpo está estável, você pode colocar o foco na mente e prestar atenção no caminho que deseja seguir.

DATA DE HOJE: 12 / 5

Estabilizar o corpo

Concentrar-se no momento presente para se sentir confortável com você mesmo.

- ✓ Respirar profundamente
- ✓ Colocar as mãos sobre o coração e dizer "Estou bem, estou seguro, sou amado".
- ✓ Poder...
  Ver   *Vejo árvores nuas pela janela*
  Tocar   *Sinto a caneta na minha mão*
  Ouvir   *Ouço meu cachorro latindo*
  Sentir   *Sinto o cheiro de café fresco*
- ✓ Definir-se em uma palavra: Sinto-me... *ocupado*
- ✓ Merecer um *high five* hoje porque... *Acordei na hora esta manhã!*
- ✓ Passar na frente de um espelho: experimente dar um *high five* a si mesmo na próxima vez. 🌸

Esvaziar a mente

Para cultivar uma mente confiante, faça uma limpeza de tudo que a está preenchendo agora: preocupações, tarefas, desenhos, pensamentos, ideias, obrigações ou qualquer coisa que você não queira esquecer.

Hoje estou superocupado e correndo para cumprir um prazo apertado. O cachorro precisa sair e está me olhando com aqueles olhos pidões, mas só vou levá-lo quando acabar o que estou fazendo. Preciso ligar para minha mãe e me sinto culpado por ainda não ter ligado, mas preciso terminar esse trabalho antes. Acordei e fiquei imediatamente estressado com tantas obrigações, mas ainda bem que não olhei o celular esta manhã e pude me exercitar e cuidar de mim primeiro.

8

Para clarear a mente, você deve eliminar todos os seus pensamentos na página do diário. Não se reprima. Desabafe para estar presente para você mesmo.

a si mesmo todos os dias

Libertar o espírito ◄

Um espírito confiante celebra a si mesmo e continua em busca dos desejos. Permita-se entrar em contato com o que você quer.

ESCREVER CINCO COISAS QUE VOCÊ DESEJA: ◄

Grandes ou pequenas. Hoje ou ao longo da vida:

1. *Liberar o dia para ter mais tempo para mim* ◄
2. *Viajar todos os anos para um lugar novo*
3. *Conquistar a melhor forma física*
4. *Criar uma organização sem fins lucrativos relacionada à saúde mental*
5. *Aprender a meditar e me tornar mais consciente*

Descrever as pequenas ações que você pode realizar ◄ para se aproximar das coisas que deseja.

Mais tempo para mim – posso reservar um tempo em minha agenda. Posso definir o horário em que vou parar de trabalhar e cuidar de mim. Posso fazer planos de me inscrever numa aula de ioga com um amigo. Vou continuar preenchendo meu diário todas as manhãs e acordar mais cedo para ter tempo de criar a organização sem fins lucrativos.

AGORA FECHE OS OLHOS ◄

Visualize-se realizando essas pequenas ações.

Sinta intensamente como é fazer essas coisas e se aproximar do que deseja.

Perceba que você está treinando o corpo, a mente e o espírito para ajudá-lo a realizar essas ações.

9

Agora seu corpo está tranquilo e sua mente está limpa. Está na hora de despertar seu espírito.

10

Como sonhar pela manhã: anote as cinco coisas que você deseja. Acredite nelas. Permita-se ter exatamente o que deseja.

11

Assim que você coloca no papel o que deseja, muda o que acredita ser possível, na medida em que você reprograma o filtro em sua mente. Também aumenta em 42% as chances de realizar os sonhos.

12

A maior parte das pessoas se engana porque tenta visualizar o resultado. Pesquisas na área da neurociência indicam que a pessoa deve se imaginar dando os pequenos, irritantes e difíceis passos ao longo do caminho para realizar os sonhos. Ao fazer isso, você manda o seguinte recado ao cérebro: "Eu faço o trabalho pesado. Eu aproveito as oportunidades. Eu não recuo, eu ajo."

13

As tomografias do cérebro mostram que você estimula as mesmas regiões quando se visualiza realizando uma ação e quando faz de fato a ação, o que aumenta a probabilidade de você seguir adiante. É a ação que leva aos resultados. Descreva as pequenas ações que você pode realizar para se aproximar das coisas que deseja.

DATA DE HOJE: /

Estabilizar o corpo

Concentrar-se no momento presente para se sentir
confortável com você mesmo.

- Respirar profundamente
- Colocar as mãos sobre o coração e dizer "Estou bem, estou seguro, sou amado".
- Poder...
  Ver _____
  Tocar _____
  Ouvir _____
  Sentir _____

- Definir-se em uma palavra: Sinto-me... _____
- Merecer um *high five* hoje porque... _____
- Passar na frente de um espelho: experimente dar um *high five* a si mesmo na próxima vez.

Esvaziar a mente

Para cultivar uma mente confiante, faça uma limpeza de tudo que a está preenchendo agora: preocupações, tarefas, desenhos, pensamentos, ideias, obrigações ou qualquer coisa que você não queira esquecer.

Libertar o espírito

Um espírito confiante celebra a si mesmo e continua em busca dos desejos. Permita-se entrar em contato com o que você quer.

ESCREVER CINCO COISAS QUE VOCÊ DESEJA:

Grandes ou pequenas. Hoje ou ao longo da vida:

1. _____

2. _____

3. _____

4. _____

5. _____

Descrever as pequenas ações que você pode realizar para se aproximar das coisas que deseja.

AGORA FECHE OS OLHOS

Visualize-se realizando essas pequenas ações.

Sinta intensamente como é fazer essas coisas e se aproximar do que deseja.

Perceba que você está treinando o corpo, a mente e o espírito para ajudá-lo a realizar essas ações.

DATA DE HOJE: /

Estabilizar o corpo

Concentrar-se no momento presente para se sentir confortável com você mesmo.

- Respirar profundamente
- Colocar as mãos sobre o coração e dizer "Estou bem, estou seguro, sou amado".
- Poder...
  Ver _____
  Tocar _____
  Ouvir _____
  Sentir _____

- Definir-se em uma palavra: Sinto-me... _____
- Merecer um *high five* hoje porque... _____
- Passar na frente de um espelho: experimente dar um *high five* a si mesmo na próxima vez.

Esvaziar a mente

Para cultivar uma mente confiante, faça uma limpeza de tudo que a está preenchendo agora: preocupações, tarefas, desenhos, pensamentos, ideias, obrigações ou qualquer coisa que você não queira esquecer.

Libertar o espírito

Um espírito confiante celebra a si mesmo e continua em busca dos desejos. Permita-se entrar em contato com o que você quer.

ESCREVER CINCO COISAS QUE VOCÊ DESEJA:

Grandes ou pequenas. Hoje ou ao longo da vida:

1. _____

2. _____

3. _____

4. _____

5. _____

Descrever as pequenas ações que você pode realizar para se aproximar das coisas que deseja.

AGORA FECHE OS OLHOS

Visualize-se realizando essas pequenas ações.

Sinta intensamente como é fazer essas coisas e se aproximar do que deseja.

Perceba que você está treinando o corpo, a mente e o espírito para ajudá-lo a realizar essas ações.

DATA DE HOJE: /

Estabilizar o corpo

Concentrar-se no momento presente para se sentir confortável com você mesmo.

- Respirar profundamente
- Colocar as mãos sobre o coração e dizer "Estou bem, estou seguro, sou amado".
- Poder...
  Ver _____
  Tocar _____
  Ouvir _____
  Sentir _____
- Definir-se em uma palavra: Sinto-me... _____
- Merecer um *high five* hoje porque... _____
- Passar na frente de um espelho: experimente dar um *high five* a si mesmo na próxima vez.

Esvaziar a mente

Para cultivar uma mente confiante, faça uma limpeza de tudo que a está preenchendo agora: preocupações, tarefas, desenhos, pensamentos, ideias, obrigações ou qualquer coisa que você não queira esquecer.

Libertar o espírito

Um espírito confiante celebra a si mesmo e continua em busca dos desejos. Permita-se entrar em contato com o que você quer.

ESCREVER CINCO COISAS QUE VOCÊ DESEJA:

Grandes ou pequenas. Hoje ou ao longo da vida:

1. _____

2. _____

3. _____

4. _____

5. _____

Descrever as pequenas ações que você pode realizar para se aproximar das coisas que deseja.

AGORA FECHE OS OLHOS

Visualize-se realizando essas pequenas ações.

Sinta intensamente como é fazer essas coisas e se aproximar do que deseja.

Perceba que você está treinando o corpo, a mente e o espírito para ajudá-lo a realizar essas ações.

Agradecimentos

Em primeiro lugar, agradeço a mim mesma. Sim, Mel Robbins, você merece uma salva de palmas. Este livro demorou três anos para ser escrito, teve dois editores, precisou de 13 gigabytes de memória, consumiu 21 potes de sorvete, sete caixas de lenços de papel e alguns comprimidos de Advil. Foi um dos capítulos mais difíceis da minha vida. Escrever me salvou e, então, surgiu este livro. Não acredito no tanto de coisas complicadas que enfrentei (os advogados não me deixam dizer mais nada) e ainda assim aqui estou eu. Consegui. Estou orgulhosa. Portanto, digo a mim mesma: Mel Robbins, um mega *high five* para você.

Para Melody, minha editora extraordinária e usuária de incríveis óculos de aros vermelhos: você ao menos tem pálpebras? Porque nem sequer piscou quando eu disse: "Preciso de mais uma semana/ mês/ ano." A quem estou enganando? Você provavelmente vai excluir essa linha. Sou muito grata por ter trabalhado com você. Amo você.

Para a minha equipe: agradeço por não terem colocado minha foto no alvo de dardos. Ou será que colocaram? Tanto faz, porque adoro vocês por me apoiarem e ao projeto e por colocar o coração em tudo o que fazem.

Para as 55 pessoas que contribuíram diretamente para este livro: eu o reescrevi tantas vezes que esqueci muitos de seus nomes. É sério, sou muito grata por sua ajuda. Principalmente a

Tracey, Amy, Nancy, Nicole, Mindy, Stephanie e Becca, do Skye High Interactive. E entendo se vocês nunca mais quiserem ver um e-mail meu novamente.

Para o meu agente literário: acho que ele quase desistiu de mim. Será que você está lendo isso, Marc? Você rompeu com o padrão editorial. Obrigada por sua genialidade.

Para Darrin, você foi a primeira pessoa que me contratou para uma palestra sobre engajamento porque sua mulher, Lori, viu minha participação no TEDx Talk no Facebook. O resto é história. Conto a todos que nunca estaria neste negócio se não fosse por vocês dois, e estou falando sério. E você diz a todos: "Você não tem ideia de como ela é realmente."

Para a Hay House: por permitir que eu compartilhe minhas percepções e histórias. Para todos os integrantes das equipes da Hay House e da Nardi Media, incluindo Reid Tracy, Margarete Nielsen, Patty Gift, Betsy Beier, Michelle Pilley, Jo Burgess, Rosie Barry, Diane Hill, John Tintera, Karen Johnson, Tricia Breidenthal, Nick Welch, Bryn Best, Perry Crowe, Celeste Johnson, Lisa Reece, Lindsay McGinty, Ashley Bernardi e Sheridan McCarthy. Obrigada. E agradeço a você, Louise Hay. Um *high five* para você. Será que você poderia dar um oi a meus avós no céu se os vir? É provável que eles estejam jogando *cribbage*.

A Brendon Burchard e a todos que participaram do desafio do *high five*. Amo vocês.

Para Jenny Moloney, que me fotografou para a divulgação deste livro (e Emily e Jess, a equipe dos sonhos que me preparou para enfrentar a câmera) e que sabia quanto seria difícil tentar fotografar um *high five*. Obrigada por sobreviver a essa aterrissagem de emergência, porque o mundo precisa demais do seu talento.

Para minha mãe: a melhor e única mãe que já tive e terei. Você é dura na queda. Eu me tornei uma empreendedora por causa daquela sua manobra no banco Lumberman. Acho que a boca da moça do caixa ainda está aberta. Obrigada por ser minha líder de torcida mais entusiasmada. Sei que nem sempre eu facilitei as coisas.

Para meu pai: a pessoa mais gentil que conheço. Mal posso esperar que você acabe comigo numa partida de bilhar em Vermont (no "estábulo do bilhar" novinho em folha).

Para Derek, você é meu irmão favorito, e sua esposa, Christine: *oi*. Agora falando sério, obrigada aos dois por me apoiarem, me protegerem e me manterem sã de tantas formas que nem tenho como descrever.

Para meu sogro, Ken: obrigada por entregar uma mensagem do céu. Meu filho está mais feliz do que nunca. E para minha sogra, Judie, que sabiamente uma vez disse: "Mel, você sempre pisa na merda, mas sempre sai dela." Não é muito poético, mas é a verdade, e amo você por sempre definir as coisas pelo que elas são.

Para meus melhores amigos Gretchen, Lisa, Bill e Jonathan: temos ajudado uns aos outros ao longo da vida e valorizo a companhia de vocês e seus filhos. Amo vocês. Seremos sempre grandes amigos.

Para Rose, a beldade do Brasil: obrigada por tudo que você tem feito. Amo você.

Para Yolo e Mr. Noodle: obrigada por me fazerem companhia quando todos os outros foram para a cama dormir.

Para Sawyer, Kendall, Oakley: sei que vocês acham que sou workaholic (e vocês estão certos), mas para mim não é trabalho quando você ama o que faz. Dedico este livro a vocês e a seu pai porque meu maior desejo como mãe é que vocês encontrem coragem para ter vidas significativas, felizes e realizadas como vocês tornaram a minha. Do fundo do meu coração, obrigada pelo apoio enquanto eu buscava realizar os meus sonhos. Ah... vou faltar ao jantar de família hoje para fazer uma reunião pelo Zoom com minha editora, Melody.

Chris, amo muito você. Obrigada por me amar.

Bibliografia

Ainslea Cross e David Sheffield. "Mental Contrasting as a Behavior Change Technique: a Systematic Review Protocol Paper of Effects, Mediators and Moderators on Health" (Contraste mental como técnica de mudança comportamental: o papel do protocolo de análise sistemática dos efeitos, mediadores e moderadores de saúde). *Systematic Reviews*, 5, nº 1 (2016). https://doi.org/10.1186/s13643-016-0382-6.

Amy Gallo, Shawn Achor, Michelle Gielan e Monique Valcour. "How Your Morning Mood Affects Your Whole Workday" (Como seu humor matinal afeta todo o seu dia de trabalho). *Harvard Business Review*. Harvard Business School Publishing, 5 de outubro de 2016. https://hbr.org/2016/07/how-your-morning-mood-affects-your--whole-workday.

Andrew M. Lane, Peter Totterdell, Ian MacDonald, Tracey J. Devonport, Andrew P. Friesen, Christopher J. Beedie, Damian Stanley e Alan Nevill. "Brief Online Training Enhances Competitive Performance: Findings of the BBC Lab UK Psychological Skills Intervention Study" (Treino on-line curto aumenta o desempenho competitivo: descobertas do estudo sobre técnicas de intervenção psicológica do Laboratório da BBC). *Frontiers in Psychology*, 7 (2016). https://doi.org/10.3389/fpsyg.2016.00413.

Annette Bolte, Thomas Goschke e Julius Kuhl. "Emotion and Intuition" (Emoção e intuição). *Psychological Science* 14, nº 5 (2003), p. 416-421. https://doi.org/10.1111/1467-9280.01456.

B. J. Fogg. *Tiny Habits: The Small Changes That Change Everything* (Pequenos hábitos: as pequenas mudanças que mudam tudo). Boston: Mariner Books, Houghton Mifflin Harcourt, 2020.

Barbara L. Fredrickson e Marcial F. Losada. "Positive Affect and the Complex Dynamics of Human Flourishing" (Os efeitos positivos e a dinâmica complexa do florescimento humano). *American Psychologist* 60, nº 7 (2005), p. 678-686.

"Behavioral Activation Therapy Effectively Treats Depression, Study Finds" (Estudo mostra que terapia de ativação comportamental trata efetivamente a depressão). *Harvard Health*. Harvard Medical School Publishing, 14 de setembro de 2016. https://www.health.harvard.edu/mind-and-mood/.

Ben Alderson-Day, Susanne Weis, Simon McCarthy-Jones, Peter Moseley, David Smailes e Charles Fernyhough. "The Brain's Conversation with Itself: Neural Substrates of Dialogic Inner Speech" (A conversa do cérebro com você mesmo: substratos neurais da fala interna dialógica). *Social Cognitive and Affective Neuroscience*, 11, nº 1 (2015), p. 110-120. https://doi.org/10.1093/scan/nsv094.

Bessel van der Kolk. *The Body Keeps the Score: Brain, Mind, and Body in the Healing of Trauma.* (O corpo mantém o placar: cérebro, mente e corpo na cura do trauma). Nova York, NY: Penguin Books, 2015.

Bessel van der Kolk, Alexander C. McFarlane e Lars Weisæth, eds. *Traumatic Stress: The Effects of Overwhelming Experience on Mind, Body, and Society.* (Estresse traumático: os efeitos de uma experiência de sobrecarga na mente, no corpo e na sociedade). Nova York: Guilford Press, 2007.

Brené Brown. *I Thought It Was Just Me (but It Isn't): Telling the Truth About Perfectionism, Inadequacy, and Power.* (Achei que fosse só eu [mas não sou]: dizendo a verdade sobre perfeccionismo, inadequação e poder.) Nova York: Gotham Books, 2008.

Boris Cheval, Eda Tipura, Nicolas Burra, Jaromil Frossard, Julien

Chanal, Dan Orsholits, Rémi Radel e Matthieu P. Boisgontier. "Avoiding Sedentary Behaviors Requires More Cortical Resources Than Avoiding Physical Activity: An EEG Study" (Evitar comportamentos sedentários requer mais recursos corticais do que evitar a atividade física: um estudo de EEG, Eletroencefalografia). *Neuropsychology*, 119 (2018), p. 68-80. https://doi.org/10.1016/j.neuropsychologia.2018.07.029.

Charles Duhigg. *O poder do hábito: Por que fazemos o que fazemos na vida e nos negócios.* Rio de Janeiro: Objetiva, 2016.

Christopher N. Cascio, Matthew Brook O'Donnell, Francis J. Tinney, Matthew D. Lieberman, Shelley E. Taylor, Victor J. Streche e Emily B. Falk. "Self-Affirmation Activates Brain Systems Associated with Self-Related Processing and Reward and Is Reinforced by Future Orientation" (A autoafirmação ativa os sistemas cerebrais associados ao processamento e à recompensa autorrelacionados e é reforçado por orientação futura). *Social Cognitive and Affective Neuroscience*, 11, nº 4 (2015), p. 621-629. https://doi.org/10.1093/scan/nsv136.

Cristina M. Alberini. "Long-Term Memories: The Good, the Bad, and the Ugly" (Memórias de longo prazo: o bom, o mau e o feio). *Cerebrum*, 2010, nº 21 (29 de outubro de 2010). https://doi.org/ https://www.ncbi.nlm.nih.gov/pmc/articles/PMC3574792/.

Cristin D. Runfola, Ann Von Holle, Sara E. Trace, Kimberly A. Brownley, Sara M. Hofmeier, Danielle A. Gagne e Cynthia M. Bulik. "Body Dissatisfaction in Women across the Lifespan: Results of the UNC--SELFand Gender and Body Image (GABI) Studies" (Insatisfação corporal em mulheres ao longo da vida: resultados dos estudos de gênero e imagem corporal (GABI, na sigla em inglês)). *European Eating Disorders Review* 21, nº 1 (2012), p. 52-59. https://doi.org/10.1002/erv.2201.

Christian Jarrett. "The Science of How We Talk to Ourselves in Our Heads" (A ciência de como conversamos com nós mesmos em nossa cabeça). *The British Psychological Society Research Society*. The British Psychological Society, 30 de julho de 2016. https://digest.bps.org. uk/2013/12/05/ the-science-of-how-we-talk-to-ourselves-in-our-heads/.

David Eagleman. *Livewired: The Inside Story of the Ever-Changing Brain* (Programado para viver: a história por dentro do cérebro eternamente em mudança). Nova York: Pantheon Books, 2020.

David V. Baldwin. "Primitive Mechanisms of Trauma Response: An Evolutionary Perspective on Trauma-Related Disorders" (Mecanismos primitivos de resposta ao trauma: uma perspectiva evolucionária sobre os transtornos relacionados ao trauma). *Neuroscience & Biobehavioral Reviews* 37, nº 8 (2013), p. 1549-1566. https://doi.org/10.1016/j.neubiorev.2013.06.004.

David A. Richards, David Ekers, Dean McMillan, Rod S. Taylor, Sarah Byford, Fiona C. Warren, Barbara Barrett et al. "Cost and Outcome of Behavioural Activation versus Cognitive Behavioural Therapy for Depression (COBRA): a Randomised, Controlled, Non-Inferiority Trial" (Custo e resultado da ativação comportamental versus a terapia cognitivo-comportamental para a depressão (COBRA): um estudo randomizado, controlado e de não inferioridade). *The Lancet*, 388, nº 10047 (2016), p. 871-880. https://doi.org/10.1016/s0140-6736(16)31140-0.

David A. Sbarra, Hillary L. Smith e Matthias R. Mehl. "When Leaving Your Ex, Love Yourself: Observational Ratings of Self-Compassion Predict the Course of Emotional Recovery Following Marital Separation" (Ao se separar de seu ex, ame-se: classificações observacionais de autocompaixão preveem o curso da recuperação emocional após a separação conjugal). *Psychological Science* 23, nº 3 (2012), p. 261-269. https://doi.org/10.1177/0956797611429466.

Dr. Ali Binazir. "Why You Are A Miracle" (Porque você é um milagre). *HuffPost*, 16 de agosto de 2011. https://www.huffpost.com/entry/probability-being-born_b_877853.

Dustin Wood, Peter Harms e Simine Vazire. "Perceiver Effects as Projective Tests: What Your Perceptions of Others Say about You" (Efeitos observados como testes de projeção: o que suas percepções sobre os outros revelam sobre você). *Journal of Personality and Social Psychology* 99, nº 1 (2010), p. 174-190. https://doi. org/10.1037/ a0019390.

E. J. Masicampo e Roy F. Baumeister. "Consider It Done! Plan Making Can Eliminate the Cognitive Effects of Unfulfilled Goals" (Considere feito! A elaboração de planos pode eliminar os efeitos cognitivos de metas não realizadas). *Journal of Personality and Social Psychology*, 101, nº 4 (2011), p. 667-683. https://doi.org/10.1037/a0024192.

E. J. Masicampo e Roy F. Baumeister. "Unfulfilled Goals Interfere with Tasks That Require Executive Functions" (Objetivos não realizados interferem nas tarefas que requerem funções executivas). *Journal of Experimental Social Psychology*, 47, nº 2 (2011), p. 300-311. https://doi.org/10.1016/j.jesp.2010.10.011.

Elizabeth A. Kensinger. "Negative Emotion Enhances Memory Accuracy" (Emoções negativas aumentam a acuracidade da memória). *Current Directions in Psychological Science*, 16, nº 4 (2007), p. 213-218. https://doi.org/10.1111/j.1467-8721.2007.00506.x.

Ethan Kross, Emma Bruehlman-Senecal, Jiyoung Park, Aleah Burson, Adrienne Dougherty, Holly Shablack, Ryan Bremner, Jason Moser e Ozlem Ayduk. "Self-Talk as a Regulatory Mechanism: How You Do It Matters" (A conversa interior como um mecanismo regulatório: é importante como você faz isso). *Journal of Personality and Social Psychology*, 106, nº 2 (2014), p. 304-234. https://doi.org/10.1037/a0035173.

"Female Reproductive System: Structure & Function" (Sistema Reprodutivo Feminino: Estrutura e Função). *Cleveland Clinic*. Instituto de Saúde da Mulher, Ginecologia & Obstetrícia de Cleveland, 2021. https://my.clevelandclinic.org/health/articles/9118-female-reproductive-system#:~:text=At%20birth%2C%20there%20are%20approximately,quality%20of%20the%20remaining%20eggs.

Gabriele Oettingen, Doris Mayer, A. Timur Sevincer, Elizabeth J. Stephens, Hyeon-ju Pak e Meike Hagenah. "Mental Contrasting and

Goal Commitment: The Mediating Role of Energization" (Contraste mental e compromisso com a meta: o papel mediador da energização). *Personality and Social Psychology Bulletin*, 35, nº 5 (2009), p. 608-622. https://doi.org/10.1177/0146167208330856.

Gabriele Oettingen, Hyeon-ju Pak e Karoline Schnetter. "Self-Regulation of Goal-Setting: Turning Free Fantasies about the Future into Binding Goals" (A autorregulação da definição de metas: transformando as fantasias livres sobre o futuro em metas vinculantes). *Personality and Social Psychology*, 80, nº 5 (2001), p. 736-753. https://doi.org/10.1037/0022-3514.80.5.736.

Giada Di Stefano, Bradley Staats, Gary Pisano, and Francesca Gino. "Learning By Thinking: How Reflection Improves Performance" (Aprendendo pensando: como o reflexo melhora o desempenho). Harvard Business School. *Harvard Business School Working Knowledge*, 11 de abril de 2014. https://hbswk.hbs.edu/item/7498.html.

Hendrik Mothes, Christian Leukel, Han-Gue Jo, Harald Seelig, Stefan Schmidt e Reinhard Fuchs. "Expectations Affect Psychological and Neurophysiological Benefits Even after a Single Bout of Exercise" (Expectativas afetam os benefícios psicológicos e neurofisiológicos mesmo após uma única sessão de exercícios). *Journal of Behavioral Medicine*, 40 (2017), p. 293-306. https://doi.org/10.1007/s10865-016-9781-3.

I. Etxebarria, M. J. Ortiz, S. Conejero e A. Pascual. "Intensity of Habitual Guilt in Men and Women: Differences in Interpersonal Sensitivity and the Tendency towards Anxious-Aggressive Guilt" (Intensidade de culpa habitual em homens e mulheres: diferenças na sensibilidade interpessoal e a tendência para uma culpa ansioso-agressiva). *Spanish Journal of Psychology*, 12, nº 2 (2009), p. 540-554.

Jason S., Adrienne Dougherty, Whitney I. Mattson, Benjamin Katz, Tim P. Moran, Darwin Guevarra, Holly Shablack et al. "Third-Person Self-Talk Facilitates Emotion Regulation without Engaging Cognitive Control: Converging Evidence from ERP and FMRI" (Conversa interna na terceira pessoa facilita a regulação da emoção sem o engajamento do controle cognitivo: evidências convergentes de ERP e FMRI). *Scientific Reports*, 7, nº 1 (2017). https://doi.org/10.1038/s41598-017-04047-3.

J. David Creswell, Janine M. Dutcher, William M. Klein, Peter R. Harris e John M. Levine. "Self-Affirmation Improves Problem-Solving under Stress" (A autoafirmação melhora a resolução de problemas em situações de estresse). *PLoS ONE 8*, nº 5 (2013). https://doi.org/10.1371/journal.pone.0062593. PLoS ONE 8, nº 5 (2013). https://doi.org/10.1371/journal.pone.0062593.

Jeffrey Kluger. "How Telling Stories Makes Us Human: It's a Key to Evolution" (Como a contação de histórias nos torna humanos: é a chave para a evolução). *Time*, 5 de dezembro de 2017. https://time.com/5043166/ storytelling-evolution/.

Jinshil Hyun, Martin J. Sliwinski e Joshua M. Smyth. "Waking up on the Wrong Side of the Bed: The Effects of Stress Anticipation on Working Memory in Daily Life" (Acordando no lado errado da cama: os efeitos da antecipação do estresse na memória de trabalho na vida diária). *The Journals of Gerontology*: Series B, 74, nº 1 (2019), p. 38-46. https://doi.org/ 10.1093/geronb/gby042.

John L. Fitzpatrick, Charlotte Willis, Alessandro Devigili, Amy Young, Michael Carroll, Helen R. Hunter e Daniel R. Brison. "Chemical Signals from Eggs Facilitate Cryptic Female Choice in Humans" (Sinais químicos dos ovos facilitam a escolha críptica de fêmeas nos seres humanos). *Proceedings of the Royal Society B: Biological Sciences*, 287, nº 1928 (2020): 20200805. https://doi.org/10.1098/ rspb.2020.0805.

John Gabrieli, Rachel Foster e Eric Falke. "A Novel Approach to Improving Reading Fluency" (Uma abordagem inédita sobre melhorar a fluência na leitura). *Carroll School*. Carroll School, 28 de maio de 2019. https://www.carrollschool.org/dyslexia-news-blog/blog-detail-page/~board/ dyslexia-news/post/a-novel-approach-to-improving-reading-fluency.

John Gabrieli. "Brain Imaging, Neurodiversity, and the Future of Dyslexia Education" (Imagens do cérebro, neurodiversidade e o futuro da dislexia na educação). *Carroll School*. Carroll School, 1º de outubro de 2019. https://www.carrollschool.org/dyslexia-news-blog/blog-dtail--page/~board/dyslexia-news/ post/brain-imaging-neurodiversity--future-of-dyslexia-education.carrollschool.org/dyslexia-news-blog/ blog-dtail-page/~board/dyslexia-news/ post/brain-imaging-neuro-diversity-future-of-dyslexia-education.

John Traugott. "Achieving Your Goals: An Evidence-Based Approach" (Realizando seus objetivos: uma abordagem baseada em evidências). *Michigan State University*. Michigan State University, 13 de janeiro de 2021. https://www.canr.msu.edu/news/ achieving_your_goals_an_evidence_based_approach.

Judy Willis e Jay McTighe. *Upgrade Your Teaching: Understanding by Design Meets Neuroscience*. (Atualize seu ensino: a compreensão pelo design encontra a neurociência). ASCD, 2019.

Judy Willis. *Powerful Classroom Strategies from Neuroscience Research* (Estratégias poderosas para a sala de aula vindas da pesquisa da neurociência). Palestra realizada no workshop Learning and the Brain. Acessado em 29 de abril de 2021. http://www.learningandthe-brain.com/documents/WillisHandout.pdf.

Judy Willis. "The Neuroscience behind Stress and Learning" (A neurociência por trás do estresse e do aprendizado). *Nature Partner Journal Science of Learning*. Nature Publishing Group, 16 de outubro de 2016. https://npjscilearncommunity.nature.com/ posts/ 12735-the-neuroscience-behind-stress-and-learning.

Judy Willis. "Want Children to 'Pay Attention'? Make Their Brains Curious!" (Você quer que as crianças "prestem atenção"? Faça o cérebro delas ser curioso). *Psychology Today*. Sussex Publishers, 9 de maio de 2010. https://www.psychologytoday.com/us/blog/ radical-teaching/201005/ want-children-pay-attention-make--their-brains-curious.

Judy Willis. "What You Should Know about Your Brain" (O que você deve saber sobre seu cérebro). *Educational Leadership* 67, nº 4 (janeiro, 2010).

Judy Willis. *RadTeach*. Dr. Judy Willis. Acessado em 29 de abril de 2021. https://www.radteach.com/

Judy Willis. *Research-Based Strategies to Ignite Student Learning: Insights from Neuroscience and the Classroom*. (Estratégias baseadas em pesquisas para estimular o aprendizado dos alunos: percepções da neurociência e da sala de aula). ASCD, 2020.

Karen Adolph, Whitney G. Cole, Meghana Komati, Jessie S. Garciaguirre, Daryaneh Badaly, Jesse M. Lingeman, Gladys L. Chan e Rachel B. Sotsky. "How Do You Learn to Walk? Thousands of Steps and Dozens of Falls per Day" (Como você aprende a andar? Milhares de degraus e dezenas de quedas por dia). *Psychological Science*, 23, nº 11 (2012), p. 1387-1394. https://doi.org/10.1177/0956797612446346.

Allison C. Kelly, Kiruthiha Vimalakanthan e Kathryn E. Miller. "Self-Compassion Moderates the Relationship between Body Mass Index and Both Eating Disorder Pathology and Body Image Flexibility" (A autocompaixão moderou a relação entre o índice de massa corporal e a patologia do transtorno alimentar e a flexibilidade da imagem corporal). *Body Image*, 11, nº 4 (2014), p. 446-453. https://doi.org/10.1016/j.bodyim.2014.07.005.

Elizabeth A., Kensinger. "Negative Emotion Enhances Memory Accuracy." *Current Directions in Psychological Science* 16, nº 4 (2007), p. 213-218. https://doi.org/10.1111/j.1467-8721.2007.00506.x.

Lawrence Katz, Gary Small, Manning Rubin e David Suter. *Keep Your Brain Alive: 83 Neurobic Exercises To Help Prevent Memory Loss And Increase Mental Fitness* (Mantenha seu cérebro vivo: 83 exercícios neuróbicos para ajudar a prevenir a perda de memória e aumentar a boa forma mental). Nova York: Workman Publishing Company, 2014.

Lien B. Pham e Shelley E. Taylor. "From Thought to Action: Effects of Process-Versus Outcome-Based Mental Simulations on Performance" (Do pensamento à ação: efeitos das simulações mentais baseadas em processo versus resultados sobre o desempenho). *Personality and Social Psychology Bulletin 25*, nº 2 (1999), p. 250-260. https://doi.org/10.117 7/0146167299025002010.

Linda Torstveit, Stefan Sütterlin e Ricardo Gregorio Lugo. "Empathy, Guilt Proneness, and Gender: Relative Contributions to Prosocial Behaviour" (Empatia, tendência à culpa e gênero: contribuições relativas para o comportamento pró-social). *Europe's Journal of Psychology* 12, nº 2 (2016), p. 260-270. https://doi.org/10.5964/ejop.v12i2.1097.

Lisa Firestone. "How Do Adverse Childhood Events Impact Us?" (Como eventos adversos da infância nos impactam?). *Psychology Today*. Sussex Publishers, 12 de novembro de 2019. https:// www.psychologytoday.com/us/blog/compassion-matters/201911/ how--do-adverse-childhood-events-impact-us.

Mark R. Leary, Eleanor B. Tate, Claire E. Adams, Ashley Batts Allen e Jessica Hancock. "Self-Compassion and Reactions to Unpleasant Self-Relevant Events: The Implications of Treating Oneself Kindly" (O amor-próprio e as reações a eventos desagradáveis autorrelevantes: as implicações de tratar a si mesmo com gentileza). *Journal of Personality and Social Psychology*, 92, nº 5 (2007), p. 887-904. https://psycnet.apa.org/record/2007-06231-009.

Mark Wolynn. *It Didn't Start with You: How Inherited Family Trauma Shapes Who We Are and How to End the Cycle.* (Não começou com você: como o trauma familiar herdado molda quem somos e como termina o ciclo). Nova York: Penguin Books, 2017.

Martin Seligman. *Authentic Happiness: Using the New Positive Psychology to Realize Your Potential for Lasting Fulfillment.* (A felicidade autêntica: usando a nova psicologia para entender seu potencial de realização duradoura). Nova York: Atria Paperback, 2013.

Melinda Beck. "Neurobics' and Other Brain Boosters" (Neurobióticos e outros estímulos cerebrais). *The Wall Street Journal*. Dow Jones & Company, 3 de junho de 2008. https://www.wsj.com/articles/ SB121242675771838337.

Mel Robbins. *O poder dos 5 segundos: Transforme sua vida, seu trabalho e sua confiança com a coragem do dia a dia.* São Paulo: Astral Cultural, 2019.

Meredith David e Kelly Haws. "Saying 'No' to Cake or 'Yes' to Kale: Approach and Avoidance Strategies in Pursuit of Health Goals" (Dizendo "não" ao bolo e "sim" à couve: estratégias de abordagem e prevenção em busca de metas de saúde). *Psychology & Marketing*, 33, nº 8 (2016), p. 588–549. https://doi.org/10.1002/mar.20901.

Michael W. Kraus, Cassey Huang, and Dacher Keltner. "Tactile Communication, Cooperation, and Performance: An Ethological Study of the NBA" (Comunicação tátil, cooperação e desempenho: um estudo etológico da NBA). *Emotion*, 10, nº 5 (2010), p. 745-749. https://doi.org/10.1037/a0019382.

Bradley J. Morris, e Shannon R. Zentall. "High Fives Motivate: the Effects of Gestural and Ambiguous Verbal Praise on Motivation" (*High fives* motivam: os efeitos do gesto e do elogio verbal ambíguo sobre a motivação). *Frontiers in Psychology*, 5 (2014). https://doi.org/10.3389/fpsyg.2014.00928.

Nancy P. Rothbard e Steffanie L. Wilk. "Waking up on the Right or Wrong Side of the Bed: Start-of-Workday Mood, Work Events, Employee Affect, and Performance" (Acordando no lado certo ou errado da cama: humor no início do dia de trabalho, eventos profissionais, afeto dos funcionários e desempenho). *Academy of Management Journal* 54, nº 5 (2012). https://journals.aom.org/doi/abs/10.5465/amj.2007.0056.

Nicholas A. Christakis e James H. Fowler. *Connected: The Surprising Power of Our Social Networks and How They Shape Our Lives.*

(Conectados: o surpreendente poder das redes sociais e como elas moldam nossas vidas). Nova York, NY: Little, Brown, 2011.

Nicole LePera. *How to Do the Work: Recognize Your Patterns, Heal from Your Past, and Create Your Self.* (Como trabalhamos: reconheça seus padrões, cure-se do passado e invente-se). Nova York, NY: Harper Wave, 2021.

Peter A. Levine e Gabor Mate. *In an Unspoken Voice: How the Body Releases Trauma and Restores Goodness.* (Numa voz silenciosa: como o corpo se liberta do trauma e resgata a satisfação) Berkeley, CA: North Atlantic Books, 2010.

"The Role of the Self-fulfilling Prophecy in Young Adolescents' Responsiveness to a Substance Use Prevention Program" (O papel da profecia autorrealizável na capacidade de resposta de jovens adolescentes a um programa de prevenção do uso de substâncias). *Journal of Applied Social Psychology,* 43, nº 9 (2013), p. 1784-1798. https://doi.org/10.1111/jasp.12126.

"Reticular Activating System" (Sistema de ativação reticular). *ScienceDirect.* Elsevier B.V., 2021. https:// www.sciencedirect.com/topics/neuroscience/reticular-activating-system.

Richard Wiseman. *The Luck Factor.* (O fator sorte). Nova York: Miramax Books, 2003.

Kerry Roberts Gibson, Kate O'Leary e Joseph R. Weintraub. "The Little Things That Make Employees Feel Appreciated" (As pequenas coisas que fazem os funcionários se sentirem valorizados). *Harvard Business Review.* Harvard Business School Publishing, 24 de janeiro de 2020. https://hbr.org/2020/01/ the-little-things--that-make-employees-feel-appreciated.

Robert H. Howland. "Vagus Nerve Stimulation" (Estimulação do nervo vago). *Current Behavioral Neuroscience Reports*, 1, nº 2 (2014), p. 64-73. https://doi.org/10.1007/s40473-014-0010-5.

Roger Bohn e James Short. "Measuring Consumer Information" (Medindo a informação sobre consumo). *International Journal of Communication*, 6 (2012), p. 980-1000.

Ruby T. Nadler, Rahel Rabi e John Paul Minda. "Better Mood and Better Performance: Learning Rule Described Categories Is Enhanced by Positive Mood" (Humor e desempenho melhores: as categorias de regras de aprendizagem são aprimoradas pelo bom humor). *Psychological Science*, 21, nº 12 (2010), p. 1770-1776. https://journals.sagepub.com/doi/10.1177/0956797610387441.

Sandee LaMotte. "The Other 'Fingerprints' You Don't Know about" (As outras "impressões digitais" que você não conhece). *CNN*. Cable News Network, 4 de dezembro de 2015. https://www.cnn.com/2015/12/04/ health/unique-body-parts.

Sandra Erdelez. "Information Encountering: It's More Than Just Bumping into Information" (Encontro de informações: é mais do que apenas acessar informações). *Bulletin of the American Society for Information Science and Technology*, 25, nº 3 (2005), p. 26-29. https://doi.org/10.1002/bult.118.

Sigrid Breit, Aleksandra Kupferberg, Gerhard Rogler e Gregor Hasler. "Vagus Nerve as Modulator of the Brain–Gut Axis in Psychiatric and Inflammatory Disorders" (O nervo vago como modulador do eixo cérebro-intestino na psiquiatria e nas doenças inflamatórias). *Frontiers in Psychiatry*, 9 (2018). https://doi.org/10.3389/fpsyt.2018.00044.

Stanley Rosenberg. *Accessing the Healing Power of the Vagus Nerve: Self-Help Exercises for Anxiety, Depression, Trauma, and Autism*. (Acessando o poder curativo do nervo vago: exercícios de autoajuda para ansiedade, depressão, trauma e autismo). Berkeley, CA: North Atlantic Books, 2016.

Stephanie Madon, Max Guyll, Kyle C. Scherr, Jennifer Willard, Richard Spoth e David L. Vogel. "The Role of the Self-Fulfilling in

Young Adolescents' Responsiveness to a Substance Use Prevention Program" (O papel da profecia autorrealizável na capacidade de resposta de jovens adolescentes a um programa de prevenção do uso de substâncias). *Journal of Applied Social Psychology*, 43, nº 9 (2013), p. 1784-1798. https://doi.org/10.1111/jasp.12126.

S. R. Taylor. *The Body Is Not an Apology: The Power of Radical SelfLove* (O corpo não é um pedido de desculpas: o poder do amor-próprio radical). Oakland, CA: Berrett-Koehler Publishers, 2021.

Teresa Amabile e Steven Kramer. *The Progress Principle: Using Small Wins to Ignite Joy, Engagement, and Creativity at Work*. (O princípio do progresso: usando pequenas vitórias para despertar alegria, engajamento e criatividade no trabalho). Boston, MA: Harvard Business Review Press, 2011.

Texas A&M University. "Can You Unconsciously Forget an Experience?" (Você consegue esquecer uma experiência inconscientemente?). *ScienceDaily*, 9 de dezembro de 2016. https://www.sciencedaily.com/releases/2016/12/161209081154.htm.

The Power of Story (O poder da história), com Kendall Haven. *YouTube*. ABC-CLIO, 2010. https://youtu.be/zIwEWw-Mymg.

Timothy Ferriss. *Tools of Titans: The Tactics, Routines, and Habits of Billionaires, Icons, and World-Class Performers* (Ferramentas dos titãs: as táticas, rotinas e hábitos de bilionários, ícones e artistas de classe mundial). Boston: Houghton Mifflin Harcourt, 2017.

T. Rogers e K. L. Milkman. "Reminders through Association" (Lembretes por meio da associação). *Psychological Science*, 27, nº 7 (2016), p. 973-986. https://journals.sagepub.com/doi/abs/10.1177/0956797616643071?journalCode=pssa.

"Understand Team Effectiveness" (Entendendo a eficiência das equipes). Google Re: Work. *Google*. Acessado em 29 de abril de 2021. https://rework.withgoogle.com/print/guides/5721312655835136/.

"Understanding the Stress Response" (Entendendo a resposta ao estresse). *Harvard Health*. Faculdade de Medicina de Harvard, 6 de julho de 2020. https://www.health.harvard.edu/staying-healthy/understanding-the-stress-response.

"Self-Acceptance Could Be the Key to a Happier Life, Yet It's the Happy Habit Many People Practice the Least" (A autoaceitação pode ser a chave para uma vida mais feliz, embora seja o hábito feliz que muitas pessoas praticam menos). *ScienceDaily*, University of Hertfordshire, 7 de março de 2014. https://www.sciencedaily.com/releases/2014/03/140307111016.htm.

Vinoth K. Ranganathan, Vlodek Siemionow, Jing Z. Liu, Vinod Sahgal e Guang H. Yue. "From Mental Power to Muscle Power: Gaining Strength by Using the Mind" (Da força mental à força muscular: fortalecendo-se com a ajuda da mente). *Neuropsychology* 42, nº 7 (2004), p. 944-956. https://doi.org/10.1016/j.neuropsychologia.2003.11.018.

"Why Do We Take Mental Shortcuts?" (Por que tomamos atalhos mentais?). *The Decision Lab*, 27 de janeiro de 2021. https://thedecisionlab.com/biases/heuristics/.

Yang Wang, Benjamin F. Jones e Dashun Wang. "Early-Career Setback and Future Career Impact" (Retrocesso no início da carreira e impacto na carreira futura). *Nature Communications* 10, nº 1 (2019). https://doi.org/10.1038/s41467-019-12189-3.

Para saber mais sobre os títulos e autores da Editora Sextante,
visite o nosso site e siga as nossas redes sociais.
Além de informações sobre os próximos lançamentos,
você terá acesso a conteúdos exclusivos
e poderá participar de promoções e sorteios.

sextante.com.br